Writing Activities Workbook and Student Tape Manual

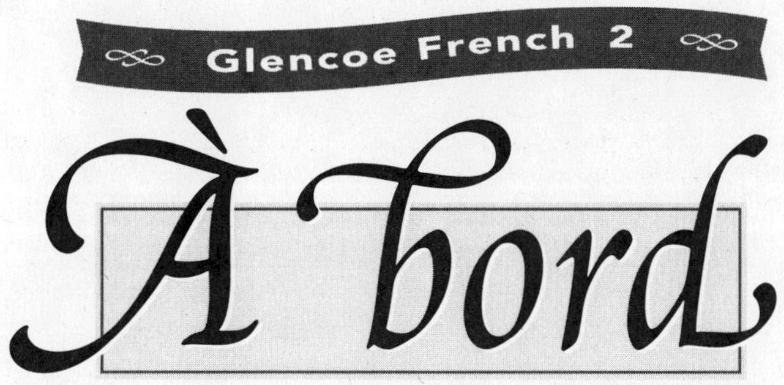

Writing Activities Workbook and Student Tape Manual

Conrad J. Schmitt

Katia Brillié Lutz

New York, New York Columbus, Ohio Woodland Hills, California Peoria, Illinois

Glencoe/McGraw-Hill 
A Division of The ***McGraw-Hill*** *Companies*

Printed in the United States of America.

Send all inquires to:
Glencoe/McGraw-Hill
21600 Oxnard Street
Woodland Hills, CA 91367

ISBN 0-02-636816-1 (Teacher's Annotated Edition, Writing Activities Workbook)
ISBN 0-02-636817-X (Teacher's Edition, Student Tape Manual)
ISBN 0-02-636815-3 (Student Edition, Writing Activities Workbook and Student Tape Manual)

Printed in the United States of America.

3 4 5 6 7 8 9 009 03 02 01 00 99 98

WRITING ACTIVITIES WORKBOOK

TABLE DES MATIÈRES

Nom ______________________ Date ______________________

A LES COPAINS ET LES COURS

MOTS ET CONVERSATION

A **Lucie et Marc.** Complétez.

1. Lucie n'est pas américaine. Elle est ______________.
2. Quelle est sa ______________? Elle est française ou américaine?
3. Lucie est ______________ dans un ______________ à Paris.
4. Un ______________ est une école secondaire en France.
5. Marc est français aussi. Il n'est pas ______________.
6. Marc n'est pas le frère de Lucie. Marc est un ______________ de Lucie.
7. Marc est un très bon élève. Il est vraiment ______________.
8. Marc va au ______________ de français.
9. Il fait du français avec M. Guillemette. M. Guillemette est son ______________ de français.
10. M. Guillemette est un très bon professeur. Il est ______________.

B **Salut!** Répondez.

1. Salut! ______________
2. Ça va? ______________
3. Comment vas-tu? ______________

C **Au cours de français!** Complétez avec des mots interrogatifs.

1. Marc va au cours de français.
   Il va ______________?
2. Marc parle au professeur.
   ______________ parle au professeur?
3. Marc parle au professeur.
   Marc parle à ______________?
4. Il parle au professeur devant la salle de classe.
   ______________ est-ce qu'il parle au professeur?
5. Le professeur est chouette.
   ______________ est le professeur?
6. Marc parle au professeur après le cours.
   ______________ est-ce que Marc parle au professeur?

STRUCTURE

L'accord des adjectifs

A **Olivier.** Décrivez le garçon.

B **Camille.** Décrivez la fille.

Nom ________________________ Date ________________

C **Pascal et Corinne.** Décrivez les élèves.

____

____

____

____

____

____

____

____

____

____

____

____

____

Les verbes être *et* aller

D **Moi!** Complétez avec *être* ou *aller.*

Moi, je ______________ de New York. Je ______________ à une école secondaire à New York. New York ______________ une très grande ville. C'______________ une ville très intéressante.

Tu demandes combien d'élèves il y a dans notre école? Nous ______________ 3.700 élèves. Nous ______________ à l'école en bus, en métro ou à pied. Après les cours nous ______________ au café, près de l'école.

D'où ______________-tu? Tu ______________ à quelle école? Il y a combien d'élèves dans ton école? Tu y ______________ en métro comme nous?

Où ______________-tu après les cours?

Nom ______________________ Date ______________________

E **Pas seulement moi!** Mettez chaque phrase au pluriel.

1. Je suis américain(e).

____

2. Je vais à une école secondaire.

____

3. Le professeur est très intelligent.

____

4. Le cours est très intéressant.

____

5. Tu es très sympathique.

____

6. Elle est vraiment grande.

____

F **Mon ami(e).** Donnez des réponses personnelles.

1. Qui est un(e) très bon(ne) ami(e)?

____

2. Comment est-il/elle?

____

3. Il/Elle va à quelle école?

____

4. Vous allez à la même école?

____

5. Vous êtes dans la même classe?

____

6. Comment sont les professeurs?

____

Nom ______________________ Date ______________________

Les contractions avec à *et* de

G **On va où?** Complétez.

1. Je vais __________ boulangerie et mon frère va __________ boucherie.
2. Ma sœur va __________ supermarché et je vais __________ marché.
3. Ils vont __________ restaurant et nous allons __________ café.
4. Les élèves parlent __________ professeurs et les professeurs parlent __________ élèves.

H **C'est où?** Complétez avec *près de* ou *loin de*.

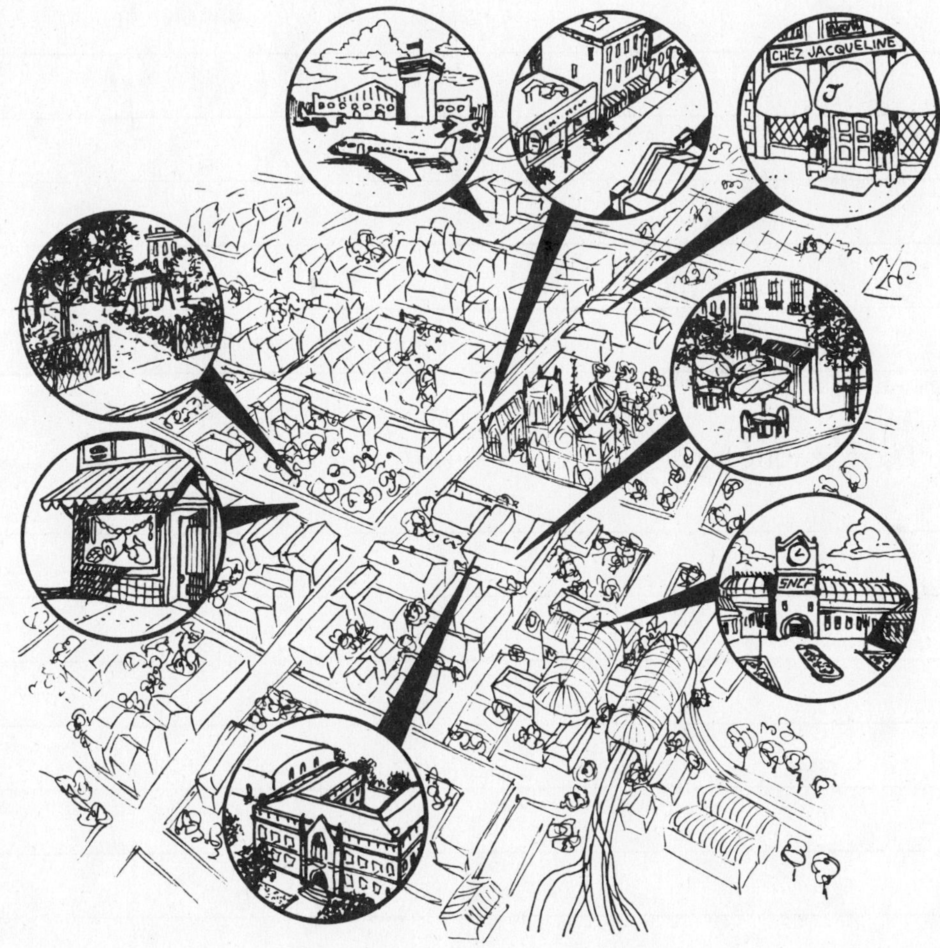

1. Le lycée est __________ café.
2. La boucherie est __________ restaurant.
3. La gare est __________ aéroport.
4. Le parc est __________ boucherie.
5. Le café est __________ magasins.
6. Les magasins sont __________ gare.

Nom ______________________ Date ______________________

ACTIVITÉS DE COMMUNICATION ÉCRITE

A **Une maison typique.** Décrivez une maison américaine typique.

B **Ma famille.** Décrivez votre famille.

Nom ______________________________ Date ______________________________

RÉVISION

B DES ACTIVITÉS AMUSANTES

MOTS ET CONVERSATION

A **Chez Lisette.** Répondez d'après le dessin.

1. À quelle heure est-ce que les copains arrivent chez Lisette? Ils arrivent chez Lisette ______________________________.
2. Où arrivent-ils? Ils arrivent ______________________________.
3. Qu'est-ce qu'ils regardent? Ils regardent ______________________________.
4. Ils parlent quelle langue? Ils parlent ______________________________.
5. Est-ce que Chantal chante? ______________________________, elle chante.
6. Elle chante comment? Elle chante ______________________________.

B **Quel est le mot?** Choisissez le mot qui correspond.

1. ___ le rock
2. ___ une comédie, un spectacle
3. ___ le dîner
4. ___ cinq matières
5. ___ les pièces
6. ___ le pain

a. le restaurant
b. la boulangerie
c. la musique
d. la maison
e. l'école
f. le théâtre

Nom ______________________ Date ______________________

C **Chez Lisette encore.** Répondez d'après le dessin.

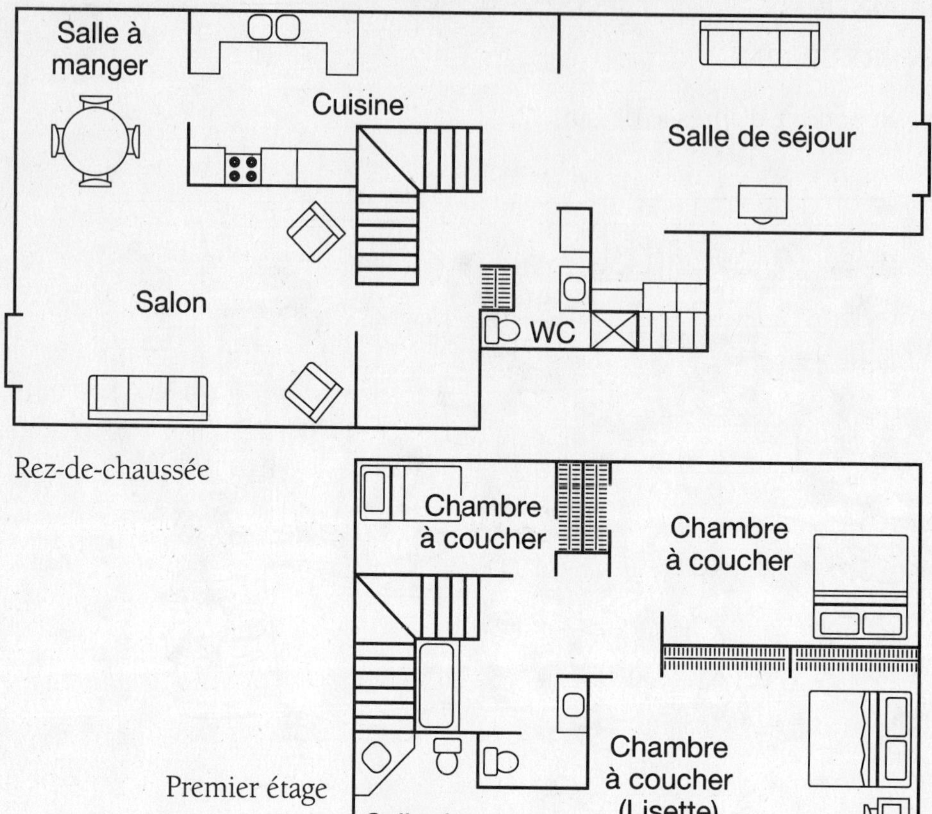

1. Comment est la maison de Lisette?

____

2. Il y a combien de pièces au rez-de-chaussée?

____

3. Il y a combien de chambres à coucher dans la maison?

____

4. Les chambres à coucher sont à quel étage?

____

5. Comment est la chambre à coucher de Lisette?

____

6. Où est-ce qu'elle fait ses devoirs?

____

Nom ______________________ Date ______________________

STRUCTURE

Les verbes réguliers en -er

A **Qui?** Complétez.

1. Tu parles français? Oui, ____________ parle français.
2. Tes copains et toi, vous étudiez beaucoup? Oui, ____________ étudions beaucoup.
3. Vous parlez au professeur? Oui, ____________ parlons au professeur.
4. Le professeur est très intelligent? Oui, ____________ est très intelligent.
5. Les élèves aiment le professeur? Oui, ____________ aiment le professeur.
6. Est-ce que Monique chante en classe? Oui, ____________ chante en classe.

B **Une fête.** Complétez.

Nous ____________ (1) (préparer) une grande fête. Nous ____________ (2) (inviter) tous nos amis. Cécile ____________ (3) (téléphoner) à tout le monde. Elle ____________ (4) (inviter) dix filles et dix garçons.

Les amis ____________ (5) (arriver) à huit heures et demie. Tout le monde ____________ (6) (parler) beaucoup. Patrick ____________ (7) (danser) avec Jennifer et Jennifer ____________ (8) (chanter) une chanson pour le groupe. Les garçons ____________ (9) (préparer) des sandwichs et Julie ____________ (10) (préparer) une salade. Pendant la fête nous ne ____________ (11) pas (regarder) la télé. Nous ____________ (12) (écouter) des cassettes.

C **Non!** Écrivez les phrases suivantes à la forme négative.

1. Elle habite à Chicago.

   ____

2. Nous aimons le jazz.

   ____

3. Je chante bien.

   ____

4. Jonathan parle français.

   ____

5. Les copains dansent beaucoup.

   ____

Nom ______________________ Date ______________

L'infinitif

D **J'aime...** Faites une liste des activités que vous aimez faire chez vous.

1. ______________________
2. ______________________
3. ______________________
4. ______________________

E **Je n'aime pas...** Faites une liste des activités que vous n'aimez pas faire à l'école.

1. ______________________
2. ______________________
3. ______________________
4. ______________________

F **Après les cours je vais...** Faites une liste des activités que vous allez faire après les cours.

1. ______________________
2. ______________________
3. ______________________
4. ______________________

Les verbes avoir *et* faire

G **Moi!** Donnez des réponses personnelles.

1. Tu as quels cours à l'école?

   ____

2. Tu as combien de cours ce semestre?

   ____

3. Tu fais du sport?

   ____

4. Tu fais du tennis?

   ____

Nom ______________________ Date ______________________

H **Vous!** Récrivez les questions de l'Exercice G en remplaçant *tu* par *vous*.

1. ______________________
2. ______________________
3. ______________________
4. ______________________

I **Nous!** Répondez aux questions de l'Exercice H pour vous et votre meilleur(e) ami(e).

1. ______________________
2. ______________________
3. ______________________
4. ______________________

Le partitif

J ***Du, de la, de l', des, de.*** Complétez.

1. J'ai ____________ argent.
2. J'ai ____________ cassettes.
3. J'ai ____________ pain.
4. Je n'ai pas ____________ viande.
5. J'ai ____________ fruits.
6. J'ai ____________ glace.

K **Non.** Écrivez à la forme négative.

1. J'ai du bœuf.

   ____

2. Caroline a des sandwichs.

   ____

3. Alain et Michel ont des pâtisseries.

   ____

4. Vous avez du pain.

   ____

Nom ______________________ Date ______________________

Les adjectifs possessifs

L **Ma maison.** Complétez avec *ma, mon* ou *mes.*

1. ____________ maison est assez jolie.
2. ____________ maison n'est pas très grande mais elle n'est pas petite non plus.
3. ____________ chambre à coucher est au premier étage.
4. ____________ lit est très confortable.
5. Je fais ____________ devoirs dans ____________ chambre à coucher.
6. ____________ père et ____________ mère ont une voiture.

M **Et toi?** Complétez avec *ta, ton* ou *tes.*

1. Comment est ____________ maison?
2. ____________ famille a une voiture?
3. Tu fais ____________ devoirs dans ____________ chambre à coucher?
4. ____________ lit est confortable?
5. Quelle est ____________ pièce préférée?

N **On fait ses devoirs.** Complétez.

1. L'élève fait ____________ devoirs.
2. Tous les élèves font ____________ devoirs.
3. Il regarde ____________ livre et elle regarde ____________ livre.
4. Ils regardent ____________ livre.
5. Nous avons 1.300 élèves dans ____________ école.
6. Vous avez combien d'élèves dans ____________ école?

Nom ______________________ Date ______________________

ACTIVITÉS DE COMMUNICATION ÉCRITE

A **Une fête.** Décrivez une fête chez un(e) de vos ami(e)s.

B **Au café.** Décrivez le dessin.

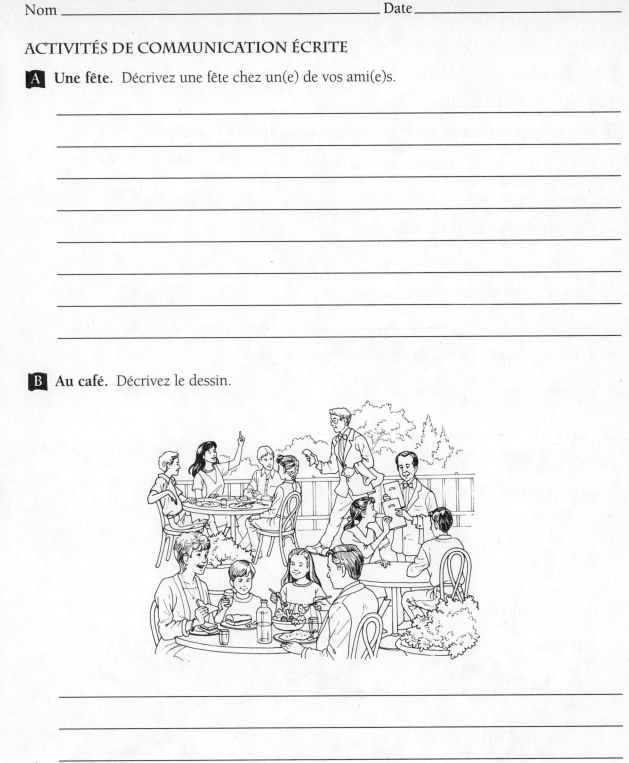

Nom ______________________ Date ______________________

RÉVISION

C ON VOYAGE

MOTS ET CONVERSATION

A **L'aéroport près de chez moi.** Donnez des réponses personnelles.

1. Quel est le nom de l'aéroport près de ta maison?

____

2. C'est un aéroport international?

____

3. Il y a des vols internationaux et intérieurs?

____

4. Beaucoup d'avions partent de cet aéroport tous les jours?

____

B **Quel est le mot?** Choisissez le mot qui correspond.

1. ___ voler
2. ___ embarquer
3. ___ partir
4. ___ annoncer
5. ___ enregistrer

a. une annonce
b. le vol
c. l'enregistrement
d. l'embarquement
e. le départ

C **Qu'est-ce que c'est?** Identifiez.

1. 

2. 

3. 

4. 

5. 

6. 

1. ______________________
2. ______________________
3. ______________________
4. ______________________
5. ______________________
6. ______________________

Nom ________________________ Date ________________

STRUCTURE

Les verbes en -ir et -re

A **Finir ou commencer?** Complétez avec *finir.*

1. Je ________________ mes devoirs.
2. Ma sœur ________________ ses devoirs aussi.
3. Mais tous les élèves ne ________________ pas leurs devoirs.
4. Vous ________________ toujours vos devoirs?
5. Oui, nous ________________ tous nos devoirs.

B **Au restaurant!** Répondez.

1. Tu choisis une salade?

____

2. Tu choisis quels légumes?

____

3. Toute la famille choisit le même légume?

____

4. Tu choisis quel dessert?

____

C **Au pluriel!** Mettez au pluriel.

1. Le passager choisit sa place.

____

2. Il réussit à avoir la place qu'il demande.

____

3. Il attend son vol.

____

4. Il entend l'annonce du départ de son vol.

____

D **Les voyageurs.** Complétez.

1. Les voyageurs ____________________ du train et moi aussi, je ____________________ du train. (descendre)
2. Ils ne ____________________ pas leurs billets et je ne ____________________ pas mon billet non plus. (perdre)
3. Ils ____________________ un autre train et moi aussi, j' ____________________ un autre train. (attendre)
4. Ils ____________________ l'annonce du départ de leur train et j' ____________________ l'annonce du départ de mon train. (entendre)

E **Encore.** Récrivez les phrases de l'Exercice D en remplaçant *les voyageurs* par *le voyageur* et *je* par *nous.*

1. ____
2. ____
3. ____
4. ____

Les verbes partir, sortir, servir *et* dormir

F **À bord de l'avion.** Mettez les phrases suivantes au singulier.

1. Nous partons maintenant.

   ____

2. Nous sortons nos billets.

   ____

3. À bord nous dormons un peu.

   ____

4. Les stewards servent le dîner à bord.

   ____

G **Tout le monde dort.** Complétez avec *dormir.*

1. Je ____________________.
2. Mon frère ____________________.
3. Nous ____________________.
4. Tu ____________________.
5. Tes frères ____________________.
6. Vous ____________________.

Nom ______________________ Date ______________

H **Les trains.** Complétez.

1. Les trains en France ______________ toujours à l'heure. (partir)
2. Les voyageurs ______________ pendant le voyage. (dormir)
3. On ______________ des sandwichs au gril-express. (servir)
4. Les serveurs ne ______________ pas les sandwichs au gril-express. Le grill-express, c'est un self-service. (servir)
5. Mais les serveurs ______________ des repas dans la voiture-restaurant. (servir)

Les verbes pouvoir *et* vouloir

I **On veut...** Écrivez des phrases avec *vouloir.*

1. Mes copines / voyager à la Martinique

____

2. Vous / partir à l'heure

____

3. Jeanne / sortir avec Tom Cruise

____

4. Nous / dormir en classe

____

J **Qu'est-ce que vous voulez faire?** Faites une liste de quatre activités que vous voulez faire.

1. ______________________________
2. ______________________________
3. ______________________________
4. ______________________________

K **Qu'est-ce que vous pouvez faire?** Faites une liste de quatre activités que vous pouvez faire.

1. ______________________________
2. ______________________________
3. ______________________________
4. ______________________________

Nom ______________________________ Date ______________________

ACTIVITÉS DE COMMUNICATION ÉCRITE

A **Bon voyage!** Décrivez un voyage en avion.

B **En train.** Décrivez un voyage en train.

Nom ______________________ Date ______________

RÉVISION

D LES SPORTS ET LES SAISONS

MOTS ET CONVERSATION

A **Les mois et les saisons.** Identifiez les quatre saisons. Sous chaque saison, écrivez les mois de l'année qui correspondent à la saison.

1. ______________________
____
____
____
____

2. ______________________
____
____
____

3. ______________________
____
____

4. ______________________
____
____
____

B **Les jours.** Écrivez les sept jours de la semaine.

______________ ______________
______________ ______________
______________ ______________
____

Nom ______________________ Date ______________________

C **À la plage.** Faites une liste des activités qu'on peut faire au bord de la mer.

On peut...

D **Une belle journée d'été.** Décrivez une belle journée d'été.

E **Une belle journée d'hiver.** Décrivez une belle journée d'hiver.

Nom ______________________________ Date ______________________________

F **Un match de foot.** Décrivez le dessin.

Nom ______________________________ Date ______________________

STRUCTURE

Le passé composé des verbes réguliers avec avoir

A **Un week-end.** Récrivez au passé composé.

1. Je passe le week-end au bord de la mer.

____

2. Je nage avec mes copains.

____

3. Julie perd ses lunettes de soleil.

____

4. Elle cherche ses lunettes.

____

5. Je trouve ses lunettes dans le sable.

____

6. Nous décidons de faire de la planche à voile.

____

B **Au passé.** Écrivez une phrase au passé composé avec les expressions suivantes.

1. attendre le train

____

2. regarder le tableau des départs

____

3. choisir une place

____

4. entendre l'annonce du départ du train

____

Nom ________________________ Date ________________

Les participes passés irréguliers

C **Une skieuse.** Écrivez au passé composé.

1. Elle met son anorak.

____

2. Elle prend des leçons de ski.

____

3. Elle comprend tout ce que la monitrice lui dit.

____

4. Elle apprend très vite.

____

5. Elle a de la chance.

____

6. Elle peut monter en télésiège.

____

7. Elle fait du ski.

____

D **À l'hôtel.** Écrivez au passé composé.

1. J'écris l'adresse de l'hôtel.

____

2. Je lis l'adresse.

____

3. Je mets le petit papier dans mon sac.

____

4. Je prends le taxi.

____

5. Je dis «bonjour» au chauffeur de taxi.

____

Nom ______________________________ Date ____________________

ACTIVITÉS DE COMMUNICATION ÉCRITE

A **Bernard est allé à la plage.** Bernard est très sportif. Regardez le dessin et écrivez tout ce que Bernard et ses copains ont fait aujourd'hui.

____

____

____

____

____

____

____

____

B **Ma saison favorite.** Décrivez votre saison favorite et les vêtements que vous portez pendant cette saison.

____

____

____

____

____

Nom ______________________________ Date ______________________

RÉVISION

E LA FORME ET LA MÉDECINE

MOTS ET CONVERSATION

A Un examen médical. Complétez.

LE MALADE: Ah, docteur, je ne me ____1____ pas bien du tout! Qu'est-ce que je ____2____! J'ai mal à ____3____ et aux ____4____, et j'ai les yeux qui ____5____. Et je crois que j'ai de la ____6____, parce que j'ai des frissons.

LE MÉDECIN: Je vais vous ____7____. Ouvrez la bouche... Ah, vous avez la ____8____ rouge. C'est le symptôme d'une ____9____. Maintenant je vais prendre votre ____10____... C'est exact: vous avez de la fièvre. Je vais vous faire une ____11____. Vous allez prendre des ____12____ pendant 10 jours. Allez vite à la pharmacie.

B Chez le médecin. Écrivez un paragraphe sur les dessins ci-dessous.

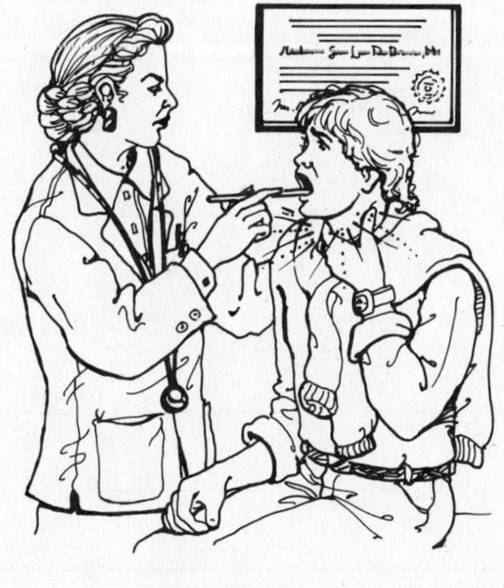

____

____

____

____

____

____

Nom ______________________________ Date ______________________

STRUCTURE

Le passé composé avec être

A **Chez le médecin.** Récrivez au passé composé.

1. Je vais chez le médecin.

____

2. Je sors de chez moi à 9 heures.

____

3. J'arrive chez le médecin à 9h30.

____

4. Je monte au deuxième étage.

____

5. J'entre dans le cabinet du médecin.

____

6. Après la consultation, je vais à la pharmacie.

____

7. Ensuite je rentre chez moi.

____

B **Juliette y est allée.** Récrivez les phrases de l'Exercice A en remplaçant *je* par *Juliette*.

1. ______________________________
2. ______________________________
3. ______________________________
4. ______________________________
5. ______________________________
6. ______________________________
7. ______________________________

Nom ______________________ Date ______________

C Au gymnase. Récrivez au passé composé.

1. Mes copains vont au gymnase.

____

2. Moi aussi, je vais au gymnase.

____

3. Nous y arrivons à la même heure.

____

4. Nous entrons ensemble.

____

5. Au bout d'une heure, mes amis partent.

____

6. Moi, je ne pars pas.

____

7. Je pars une heure plus tard.

____

Les verbes réfléchis

D Le matin. Faites des phrases personnelles.

Le matin, je...

1. se réveiller _______________
2. se lever _______________
3. se laver la figure et les mains _______________

____

4. se brosser les dents _______________
5. se peigner _______________
6. s'habiller _______________

Nom _______________ Date _______________

E **Les autres.** Récrivez les phrases de l'Exercice D d'après les indications.

Le matin,...

1. elle
____
2. tu
____
3. nous
____
4. vous
____
5. ils
____
6. il
____

F **Pas moi!** Récrivez les phrases de l'Exercice E à la forme négative.

Le matin,...

1. _______________
2. _______________
3. _______________
4. _______________
5. _______________
6. _______________

Nom ______________________________ Date ______________________

ACTIVITÉS DE COMMUNICATION ÉCRITE

A **Paul n'est pas en forme!** Regardez Paul. Il n'est pas en forme mais il veut se mettre en forme. Dites-lui ce qu'il doit faire pour se mettre en forme. Suivez le modèle.

Va au gymnase!

____

____

____

____

____

____

B **Un examen médical.** Écrivez une conversation entre un médecin et un malade qui est enrhumé.

____

____

____

____

____

____

____

____

____

____

Nom ______________________ Date ______________

RÉVISION F

LES VACANCES ET LES LOISIRS

MOTS ET CONVERSATION

A **Où?** Complétez.

1. Où achète-t-il des cadeaux? Il achète des cadeaux au ______________.
2. Il fait un voyage. Où passe-t-il la nuit? Il passe la nuit dans ______________.
3. Il arrive à l'hôtel. Où va-t-il pour demander une chambre? Il va ______________.
4. Il veut voir un film. Où va-t-il? Il va ______________.
5. Il veut prendre son billet. Où va-t-il? Il va ______________.
6. Il veut changer de l'argent. Où va-t-il? Il va ______________.
7. Il a acheté quelque chose et il veut payer. Où va-t-il? Il va ______________.

B **Je vais à Paris.** Vous allez faire un grand voyage à Paris. Décrivez tous les vêtements que vous allez mettre dans votre valise.

____

____

____

____

____

____

C **Les films et les pièces.** Choisissez.

1. J'aime lire ____ quand je vois un film étranger.
   a. les sous-titres **b.** les actes
2. Quand la pièce commence, ____ se lève.
   a. les décors **b.** le rideau
3. À quelle heure est ____ de cinéma?
   a. la séance **b.** l'écran
4. Je vois ____! Elle porte une robe rouge.
   a. les costumes **b.** la vedette
5. Ce film est japonais. Je préfère le voir ____.
   a. en version originale **b.** au guichet

STRUCTURE

Les pronoms le, la, les, me, te, nous *et* vous

A **Qu'est-ce qu'il est beau!** Répondez d'après le modèle.

Tu vois la statue?
Oui, je la vois. Qu'est-ce qu'elle est belle!

1. Tu vois le théâtre?

 ____

2. Tu aimes la pièce?

 ____

3. Tu vois les décors?

 ____

4. Tu vois la vedette?

 ____

5. Tu vois l'actrice?

 ____

B **On va au cinéma.** Complétez avec *me, te, nous* ou *vous.*

GUY: Sandrine et moi, nous allons au cinéma pour voir un film américain. Tu veux ____1____ accompagner?

ALINE: Ah oui! Je voudrais ____2____ accompagner—j'adore aller au cinéma.

GUY: Ce matin j'ai téléphoné à Sandrine et elle ____3____ a dit qu'elle peut acheter les billets cet après-midi. Mais il faut lui donner de l'argent maintenant. Tu as 40 francs sur toi?

ALINE: Oui. Je ____4____ donne l'argent maintenant et tu peux payer Sandrine. Est-ce qu'elle va ____5____ attendre devant le cinéma?

GUY: Oui, elle va ____6____ attendre à côté du guichet.

Nom ______________________________ Date ____________________

Les pronoms lui, leur

C **Un match de football.** Complétez avec *lui* ou *leur.*

1. Il lance le ballon à Peyre?
   Oui, il __________ lance le ballon.
2. Les joueurs parlent à l'arbitre?
   Oui, ils __________ parlent.
3. Et l'arbitre parle aux joueurs?
   Oui, il __________ parle.
4. L'arbitre explique les règles aux joueurs?
   Oui, il __________ explique les règles.
5. L'employée au guichet parle au spectateur?
   Oui, elle __________ parle.
6. Le spectateur pose une question à l'employée?
   Oui, il __________ pose une question.
7. L'employée vend les billets aux spectateurs?
   Oui, elle __________ vend les billets.

D **Personnellement.** Répondez avec *lui* ou *leur.*

1. Répondez-vous à votre professeur de français quand il / elle vous pose une question?
   ____
2. Obéissez-vous toujours à vos parents?
   ____
3. Téléphonez-vous souvent à vos amis le soir?
   ____
4. Écrivez-vous à vos copains quand vous êtes en vacances?
   ____
5. Parlez-vous à votre sœur ou à votre frère tous les jours?
   ____
6. Prêtez-vous souvent vos livres à vos amis?
   ____

Nom ________________________ Date ________________________

ACTIVITÉS DE COMMUNICATION ÉCRITE

A **Au cinéma.** Dans un court paragraphe dites quels genres de film vous aimez et quels sont vos acteurs préférés.

____

____

____

____

____

____

____

B **À la réception.** Écrivez une conversation à l'hôtel entre un(e) réceptionniste et un(e) client(e).

____

____

____

____

____

____

____

____

____

Nom ______________________ Date ______________________

C **Je suis à vous.** Jennifer est à Paris, dans un grand magasin. Elle veut acheter quelque chose pour ses amies aux États-Unis. Décrivez le dessin.

____

____

____

____

____

____

____

____

Nom ______________________________ Date ______________________

CHAPITRE

1 LA POSTE ET LA CORRESPONDANCE

VOCABULAIRE

Mots 1

A **La poste aux États-Unis.** Oui ou non?

1. ________ Aux États-Unis chaque municipalité a son bureau de poste.
2. ________ L'employé(e) des postes distribue le courrier et le facteur travaille au bureau de poste.
3. ________ On ne peut pas acheter de timbres à la poste.
4. ________ Il faut toujours acheter des timbres au distributeur automatique.
5. ________ On vend des timbres dans certains magasins.
6. ________ On trouve toujours une boîte aux letters devant les bureaux de poste.
7. ________ Les boîtes aux lettres sont orange.
8. ________ La poste est un organisme du gouvernement fédéral.
9. ________ La poste est fermée le dimanche.
10. ________ Il faut faire la queue quelquefois devant le guichet à la poste.

B **La correspondance.** Complétez.

1. Il faut mettre une ______________________ dans une enveloppe mais il n'est pas nécessaire de mettre une carte postale dans une ______________________.
2. Ça coûte plus cher d'envoyer une lettre qu'une ______________________.
3. Le facteur ______________________ le courrier.
4. Au bureau de poste, l'employée des postes travaille au ______________________.
5. Il y a toujours des ______________________ devant la poste.
6. Je ______________________ une lettre dans une enveloppe avant de l'envoyer.
7. Il faut mettre un ______________________ sur une enveloppe.
8. Je peux acheter des timbres au guichet ou au ______________________.
9. La semaine dernière mon ami François, qui habite à Paris, m'______________________ une lettre.
10. Quand je lui ai répondu, j'ai acheté un ______________________ à la poste parce que ça coûte moins cher qu'une lettre.

Nom ______________________________ Date ______________________

Mots 2

C **Une enveloppe.** Vous allez envoyer cet aérogramme à votre amie Sophie Martel qui habite 5, Boulevard St. Michel, dans le cinquième arrondissement de Paris. Son code postal est 75005. Complétez l'aérogramme et identifiez chaque détail que vous avez écrit.

1. ______________________________
2. ______________________________
3. ______________________________
4. ______________________________
5. ______________________________
6. ______________________________

Nom ________________________ Date ____________

D **Quelqu'un envoie un colis.** Décrivez ce dessin.

____

____

____

____

____

____

____

____

____

E **Un petit dictionnaire.** Pour chaque définition, donnez le mot.

1. la rue et la ville où l'on habite ____________
2. les lettres, les cartes postales, etc. ____________
3. un paquet ____________
4. la personne qui distribue le courrier ____________
5. combien quelque chose pèse ____________
6. combien quelque chose vaut, le prix pour le remplacer ____________
7. ce qu'on utilise pour peser quelque chose ____________

Nom ______________________________________ Date ______________________

STRUCTURE

Les pronoms relatifs qui *et* que

A **La lettre ou le colis.** Complétez avec *qui* ou *que*.

— Tu veux la lettre ________ est sur la table ou le colis ________ est sur la table?

— Je veux la lettre ________ tu vois là sur la chaise, pas la lettre ________ est sur la table.

— Tu sais ________ a écrit cette lettre?

— Comment est-ce que je peux savoir ________ a écrit une lettre ________ je n'ai pas lue?

B **Au bureau de poste.** Complétez avec *qui* ou *que*.

1. J'ai envoyé la lettre du bureau de poste ________ se trouve rue Jeanne d'Arc.
2. Tu parles de la lettre ________ tu as écrite à Paul?
3. Oui. Tu as lu la lettre ________ je lui ai écrite?
4. Tu as mis la lettre dans la bôite aux lettres ________ se trouve devant la poste ou tu l'as donnée à l'employée des postes ________ travaille au guichet?

C **Du courrier pour moi.** Faites une seule phrase en utilisant *qui* ou *que*.

1. Je vois le facteur. Il distribue le courrier dans notre quartier.

   ____

   ____

2. Tous les jours le facteur apporte des lettres. Elles ne sont jamais pour moi.

   ____

   ____

3. Mes parents reçoivent beaucoup de lettres. Leurs amis leur écrivent des lettres.

   ____

   ____

4. Aujourd'hui j'ai reçu une carte postale. Elle est très jolie.

   ____

   ____

5. Mon meilleur ami m'a envoyé la carte. Il est en vacances en Bretagne.

____

____

6. La Bretagne est une jolie province. Elle est dans le nord-ouest de la France.

____

____

7. Je voudrais visiter la Bretagne. Mon ami connaît très bien la Bretagne.

____

____

L'accord du participe passé

D **Quelle lettre?** Complétez.

1. J'ai écrit ____ une lettre.
2. Je l'ai écrit ____ à Suzanne.
3. Je l'ai envoyé ____ lundi.
4. Suzanne l'a reçu ____ ce matin.
5. Elle a lu ____ la lettre que je lui ai écrit ____ et qu'elle a reçu ____ ce matin.

E **Quelles jolies photos!** Complétez.

1. Voilà les photos que j'ai ____________________. (prendre)
2. C'est toi qui les as ____________________? (prendre)
3. Bien sûr! Je t'assure que je ne les ai pas ____________________. (acheter)
4. Tu ne les as jamais ____________________? (voir)
5. Non. Qui est cette fille sur la photo? Je ne la reconnais pas. Tu ne la reconnais pas? C'est la fille que je t'ai ____________________ hier. (présenter)
6. Ah, c'est elle. Elle est très gentille. Je ne sais pas pourquoi je ne l'ai pas ____________________. (reconnaître)

Nom ______________________________ Date ______________________

Les changements d'orthographe avec les verbes comme envoyer, employer *et* payer

F **Qu'est-ce que tu envoies?** Écrivez des phrases avec les mots suivants et le verbe *envoyer.*

1. Je / un colis

____

2. Paul / une carte postale

____

3. Mes parents / un aérogramme

____

4. Tu / une enveloppe bleue

____

5. Vous / un magazine

____

6. Nous / un chèque

____

G **Au grand magasin.** Complétez au présent.

1. Nous ____________________ à la caisse. (payer)
2. Moi, je ____________________ en espèces mais mon ami, lui, il ____________________ sa carte de crédit. (payer, employer)
3. Vous ____________________ les cadeaux que vous avez achetés? (envoyer)
4. Non, non. Je ne les ____________________ pas mais mon ami, lui, ____________________ ses cadeaux. (envoyer, envoyer)

H **Hier.** Récrivez les phrases de l'Exercice G au passé composé.

1. ____
2. ____
3. ____
4. ____

Nom ______________________________ Date ______________________

UN PEU PLUS

A **Aux États-Unis.** Lisez le paragraphe suivant, tiré du *Guide Bleu*, un guide pour touristes français en visite à New York.

New York: La Poste

L'US Postal Service est un service public. Il existe aussi quelques services postaux privés concurrents pour l'envoi de paquets notamment, qui sont rapides (et chers). Les bureaux de poste sont ouverts de 8h à 18h du soir du lundi au vendredi, et le samedi matin, pour les affranchissements, envois des lettres et paquets. La poste centrale est ouverte en permanence. Les boîtes aux lettres sont bleues et portent l'inscription: US Mail.

On peut se faire adresser son courrier en poste restante ainsi libellé: nom c/o General Delivery, Main Post Office, New York. On peut également se procurer des timbres dans les distributeurs automatiques des hôtels, drugstores, gares ou aéroports. La poste ne se charge pas de l'envoi des télégrammes.

B **À la poste.** Répondez aux questions suivantes d'après la lecture de l'Exercice A.

1. Qu'est-ce que l'US Postal Service?

____

2. Quelles sont les heures d'ouverture des postes à New York?

____

____

3. Quelle poste est ouverte en permanence?

____

4. De quelle couleur sont les boîtes aux lettres?

____

5. Où peut-on se procurer des timbres?

____

____

____

Nom ______________________ Date ______________

C Les formulaires. Regardez les formulaires.

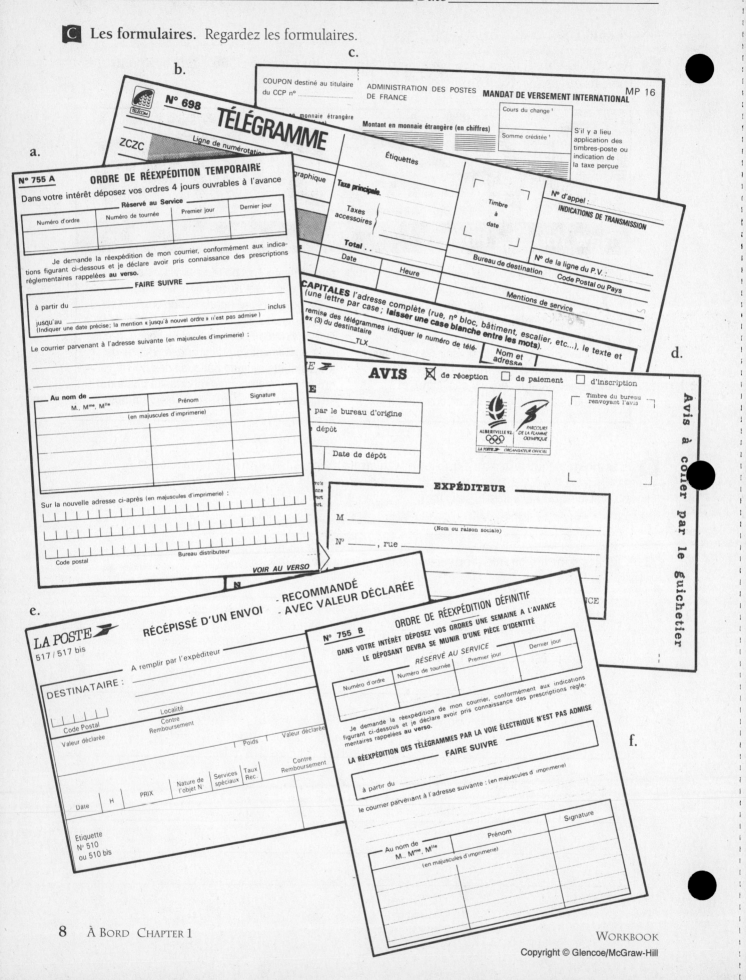

b.

c.

COUPON destiné au titulaire du CCP nº ....

ADMINISTRATION DES POSTES DE FRANCE

MANDAT DE VERSEMENT INTERNATIONAL MP 16

Montant en monnaie étrangère (en chiffres)

Cours du change

Somme créditée

S'il y a lieu application des timbres-poste ou indication de la taxe perçue

Nº 698 **TÉLÉGRAMME**

ZCZC Ligne de numérotation

Étiquettes

Taxe principale.

Taxes accessoires

Total . .

Timbre à date

Nº d'appel :

INDICATIONS DE TRANSMISSION

Nº de la ligne du P.V. :

Date Heure

Bureau de destination Code Postal ou Pays

Mentions de service

CAPITALES l'adresse complète (rue, nº bloc, bâtiment, escalier, etc...), le texte et (une lettre par case ; **laisser une case blanche entre les mots**).

remise des télégrammes indiquer le numéro de télé... ex (3) du destinataire

TLX

Nom et adresse

a.

Nº 755 A **ORDRE DE RÉEXPÉDITION TEMPORAIRE**

Dans votre intérêt déposez vos ordres 4 jours ouvrables à l'avance

Réservé au Service

Numéro d'ordre	Numéro de tournée	Premier jour	Dernier jour

Je demande la réexpédition de mon courrier, conformément aux indications figurant ci-dessous et je déclare avoir pris connaissance des prescriptions réglementaires rappelées **au verso.**

FAIRE SUIVRE

à partir du ______________________ inclus

jusqu'au ______________________
(Indiquer une date précise; la mention « jusqu'à nouvel ordre » n'est pas admise)

Le courrier parvenant à l'adresse suivante (en majuscules d'imprimerie) :

Au nom de M., Mme, Mlle (en majuscules d'imprimerie)	Prénom	Signature

Sur la nouvelle adresse ci-après (en majuscules d'imprimerie) :

Code postal Bureau distributeur

VOIR AU VERSO

d.

AVIS ☒ de réception ☐ de paiement ☐ d'inscription

par le bureau d'origine

dépôt

Date de dépôt

ALBERTVILLE 92 PARCOURS DE LA FLAMME OLYMPIQUE LA POSTE ORGANISATEUR OFFICIEL

Timbre du bureau renvoyant l'avis

EXPÉDITEUR

M ______________________
(Nom ou raison sociale)

Nº ______, rue ______________________

Avis à coller par le guichetier

e.

LA POSTE 517 / 517 bis

RÉCÉPISSÉ D'UN ENVOI - RECOMMANDÉ - AVEC VALEUR DÉCLARÉE

A remplir par l'expéditeur

DESTINATAIRE :

Code Postal Localité

Valeur déclarée Contre Remboursement

Poids Valeur déclarée

Date	H	PRIX	Nature de l'objet Nº	Services spéciaux	Taux Rec.	Contre Remboursement

Etiquette Nº 510 ou 510 bis

f.

Nº 755 B **ORDRE DE RÉEXPÉDITION DÉFINITIF**

DANS VOTRE INTÉRÊT DÉPOSEZ VOS ORDRES UNE SEMAINE A L'AVANCE
LE DÉPOSANT DEVRA SE MUNIR D'UNE PIÈCE D'IDENTITÉ

RÉSERVÉ AU SERVICE

Numéro d'ordre	Numéro de tournée	Premier jour	Dernier jour

Je demande la réexpédition de mon courrier, conformément aux indications figurant ci-dessous et je déclare avoir pris connaissance des prescriptions réglementaires rappelées **au verso.**

LA RÉEXPÉDITION DES TÉLÉGRAMMES PAR LA VOIE ÉLECTRIQUE N'EST PAS ADMISE

FAIRE SUIVRE

à partir du ....

le courrier parvenant à l'adresse suivante : (en majuscules d'imprimerie)

Au nom de M., Mme, Mlle (en majuscules d'imprimerie)	Prénom	Signature

Nom ______________________________ Date ______________________________

D **Quel formulaire?** Choisissez le formulaire que vous devez utiliser.

1. ____ Vous voulez savoir si quelqu'un a reçu le colis que vous lui avez envoyé.
2. ____ Vous voulez envoyer un télégramme.
3. ____ Vous allez changer de domicile et donner votre nouvelle adresse permanente à la poste. La poste va réexpédier votre courrier.
4. ____ Vous voulez recevoir votre courrier à une autre adresse pendant les vacances, c'est-à-dire pendant un mois.
5. ____ Vous voulez envoyer de l'argent à l'étranger.
6. ____ Vous voulez avoir quelque chose qui prouve que vous avez envoyé quelque chose.

E **Quelle est l'expression?** Regardez encore les formulaires et choisissez l'équivalent français des mots anglais.

1. ____ international money order
2. ____ please forward
3. ____ leave a blank between words
4. ____ receipt (acknowledgment) of shipment
5. ____ to be filled out by sender
6. ____ notice (of receipt)
7. ____ temporary forwarding order
8. ____ printed capital letters
9. ____ see the reverse side
10. ____ in the name of

a. en majuscules d'imprimerie
b. un récépissé d'un envoi
c. un avis (de réception)
d. au nom de
e. un mandat de versement international
f. voir au verso
g. faire suivre
h. à remplir par l'expéditeur
i. un ordre de réexpédition temporaire
j. laisser une case blanche entre les mots

Nom ______________________ Date ______________

F **Un peu de savoir-vivre.** Lisez cet extrait tiré d'un livre intitulé *Savoir-Vivre Aujourd'hui.*

Savoir Écrire

Pourquoi écrire?

On écrit de moins en moins depuis l'invention du téléphone. C'est vrai, mais il y a bien des circonstances dans la vie où écrire est indispensable et où téléphoner serait une véritable incorrection.

Tout d'abord, ne laissez pas une lettre sans réponse. Une lettre remise de jour en jour risque fort de n'être jamais expédiée. Huit jours de délai sont un maximum.

Écrivez à ceux qui n'ont pas le téléphone ou qui sont loin. Écrivez pour témoigner votre sympathie dans la joie ou la peine. Écrivez pour faire part à des intimes ou à votre famille d'une naissance, de fiançailles ou d'un mariage.

Écrivez encore pour solliciter un service...

Si vous confiez une lettre à quelqu'un, présentez-la sous enveloppe ouverte. Votre messager la collera devant vous de manière à répondre à votre marque de confiance par elle de sa discrétion. N'ouvrez jamais une lettre devant des tiers ou bien, si le pli qui vous est remis est urgent, demandez la permission de la faire.

Nom ____________________ Date ____________________

G **Vous avez compris?** Répondez d'après la lecture.

1. Depuis quand écrit-on moins? À votre avis, pourquoi?

2. Est-ce qu'il est toujours correct (poli) de téléphoner au lieu d'écrire?

3. En combien de jours doit-on répondre à une lettre?

4. Quelles sont deux raisons pour lesquelles on doit écrire?

5. Est-il poli d'ouvrir et de lire une lettre que vous avez reçue devant quelqu'un d'autre?

H **L'idée principale.** Quelle est l'idée principale de cet article?

Nom ______________________ Date ______________

MON AUTOBIOGRAPHIE

Let's continue to add to the autobiography we began last year. Explain whether you write letters a great deal or not. For what occasions do you write? In addition, describe the postal service in your area. Describe the post office and tell where it is. Write something about your letter carrier, too. Do you consider the postal service good or bad? Why?

Mon autobiographie

Nom ______________________________ Date ______________________

CHAPITRE

2 FAMILLES

VOCABULAIRE

Mots 1

A Des tâches domestiques. Mettez les activités suivantes en ordre.

____ débarrasser la table

____ mettre les assiettes dans le lave-vaisselle

____ ouvrir le robinet

____ remettre les assiettes dans le placard

____ rincer la vaisselle dans l'évier

____ mettre du détergent dans le lave-vaisselle

B Des activités quotidiennes, de tous les jours. Complétez.

1. Avant de se mettre à table à dîner, il faut mettre ______________________.
2. On peut dîner dans la ______________________ ou dans la salle à manger.
3. Après le dîner il faut ______________________ la table.
4. Au petit déjeuner on peut manger ______________________ et au dîner on peut manger ______________________.
5. Si on n'a pas de lave-vaisselle, il faut faire la ______________________ dans l'______________________.
6. On lave les vêtements dans la ______________________.
7. Le petit déjeuner, le déjeuner et le dîner sont les trois ______________________ de la journée.

C C'est pour quoi? Indiquez si c'est pour la musique ou pour un film.

		musique	film
1.	une cassette		
2.	une chaîne stéréo		
3.	une vidéocassette		
4.	un magnétoscope		
5.	un magnétophone		

Nom ______________________________ Date ______________________

D **C'est pour quoi?** Indiquez si c'est pour le téléphone ou pour la télévision.

		le téléphone	**la télévision**
1.	un zappeur		
2.	un répondeur automatique		
3.	une télécarte		
4.	une chaîne		
5.	une émission		

Mots 2

E **Au travail.** Complétez.

1. Un ______________________ travaille dans une usine.
2. Un secrétaire travaille dans un ______________________.
3. Un ______________________ supervise les ouvriers.
4. On ______________________ ou produit des choses dans une usine.
5. Le vendeur vend des marchandises à ses ______________________.

F **C'est elle!** Donnez la forme féminine.

1. un ouvrier ______________________
2. un contremaître ______________________
3. un secrétaire ______________________
4. un client ______________________

G **Au bureau.** Complétez.

Ma mère travaille comme secrétaire dans un ______________(1). Elle lit le courrier et écrit des lettres. Elle ______________(2) l'ordinateur pour écrire. Les clients téléphonent souvent au bureau et ma mère doit téléphoner aussi aux clients. Elle ______________(3) souvent du téléphone. Quand elle est très occupée elle ne peut pas parler aux clients. Mais elle les ______________(4) toujours quand elle est libre.

Nom ______________________ Date ______________

H **Quel est le mot?** Qu'est-ce que Claire a fait ce matin? Répondez d'après les dessins.

MODÈLE: ***Elle s'est réveillée à sept heures moins le quart.***

1. ______________________

2. ______________________

3. ______________________

4. ______________________

5. ______________________

Nom ________________________________ Date ____________________

STRUCTURE

Le verbe s'asseoir

A **Qui s'assied?** Complétez.

1. Au cours d'anglais je ____________________ près de la fenêtre.
2. Mon meilleur ami ____________________ près de la porte.
3. Nous ____________________ devant le professeur au cours de maths.
4. Les élèves qui ____________________ derrière nous parlent tout le temps.
5. Où est-ce que vous ____________________, au premier ou au dernier rang?

Les actions réciproques au présent

B **Tous les deux.** Complétez.

1. Il me réveille. Je le réveille. __________ __________ réveillons.
2. Il lui écrit. Elle lui écrit. __________ __________ écrivent.
3. Tu lui téléphones. Il te téléphone. __________ __________ téléphonez.
4. Elle t'aime. Tu l'aimes. __________ __________ aimez.
5. Il la regarde. Elle le regarde. __________ __________ regardent.
6. Je te parle. Tu me parles. __________ __________ parlons.

Le passé composé des verbes réfléchis

C **Le matin chez moi.** Donnez des réponses personnelles.

1. Vos frères se sont rasés ce matin?

   ____

2. Votre sœur s'est habillée rapidement?

   ____

3. Votre père s'est dépêché d'aller au travail?

   ____

4. Vous êtes-vous peigné(e) dans la salle de bains?

   ____

5. Votre sœur s'est maquillée ce matin?

   ____

6. Vous vous êtes levé(e) à quelle heure?

   ____

Nom ______________________________ Date ______________________________

D **Hier!** Complétez au passé composé d'après les dessins.

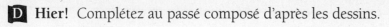

1. Tu ______________________________ à sept heures.

2. Ton frère ______________________________ à sept heures et quart.

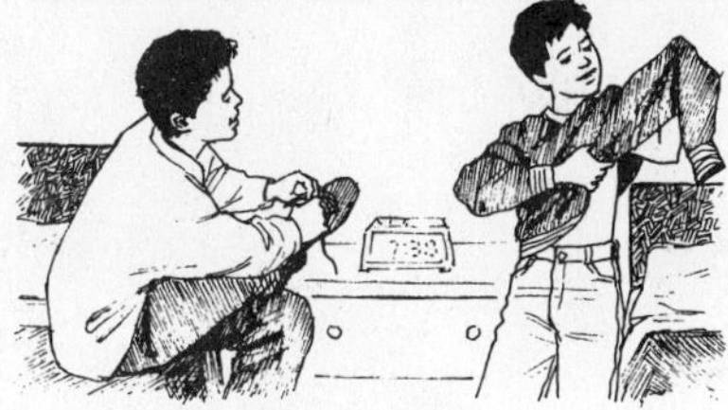

3. Vous ______________________________ dans votre chambre.

4. Maman ______________________________ dans la salle de bains.

5. Ton frère et toi, vous ______________________________ pour aller à l'école.

6. Maman et Nicole ______________________________ aussi.

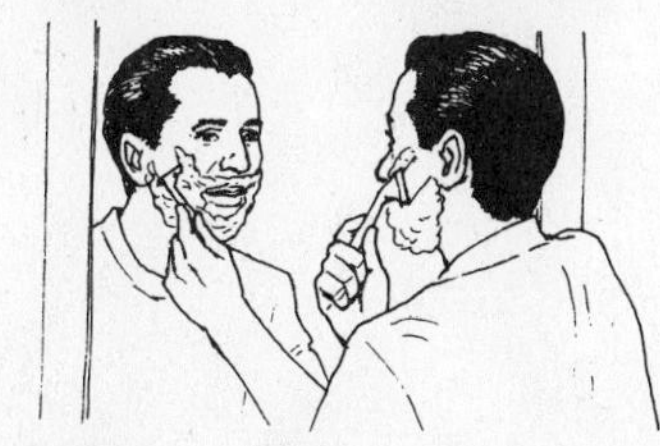

7. Ton père ______________________________ devant la glace. Ensuite il est parti.

Nom ______________________________ Date ______________________

E **Dès le moment où je me suis réveillé(e) ce matin.** Écrivez tout ce que vous avez fait pour vous préparer aujourd'hui.

____

____

____

____

____

____

____

____

Les actions réciproques au passé

F **Encore tous les deux!** Faites une seule phrase au passé composé.

1. Il m'a réveillé. Je l'ai réveillé.

____

2. Il lui a écrit. Elle lui a écrit.

____

3. Tu lui as téléphoné. Il t'a téléphoné.

____

4. Elle t'a aimé. Tu l'as aimée.

____

5. Il l'a regardée. Elle l'a regardé.

____

6. Je lui ai parlé. Il m'a parlé.

____

Nom ______________________ Date ______________

G Nathalie et Julie. Complétez.

Nathalie et Julie se sont ________ (préparer) toute la journée pour la fête. Nathalie s'est ________ (acheter) une jolie robe. Julie s'est ________ (habiller) en blanc. Elles se sont ________ (téléphoner) au moins six fois pendant la journée. Enfin, à huit heures et demie du soir, elles se sont ________ (retrouver). Elles se sont ________ (parler) encore pendant la soirée. À une heure du matin, elles se sont ________ (dire) «au revoir».

(1–7)

Expressions négatives au passé composé

H Le contraire. Choisissez le contraire.

1. ____ toujours
2. ____ quelqu'un
3. ____ tout le monde
4. ____ quelque chose
5. ____ souvent

a. personne
b. rien
c. jamais

I Non, non! Récrivez chaque phrase en utilisant une des expressions suivantes: *ne… pas, ne… rien, ne… jamais, ne… personne* ou *ne… que.*

1. Richard est arrivé de bonne heure.

   ____

2. Il a salué quelqu'un à l'arrêt d'autobus.

   ____

3. Il a parlé à tout le monde.

   ____

4. Il a fait beaucoup de choses aujourd'hui.

   ____

5. Il a toujours répondu à des questions difficiles.

   ____

Nom ________________________________ Date ____________________

UN PEU PLUS

A Un rapport. Vous avez appris que dans beaucoup de familles en France, les deux parents travaillent à l'extérieur. Est-ce que la situation est la même aux États-Unis? Dans un court paragraphe, donnez votre opinion et dites si les raisons sont les mêmes en France qu'aux États-Unis.

____

____

____

____

____

B Professions et métiers. Lisez les renseignements suivants.

LES CATÉGORIES PROFESSIONNELLES EN FRANCE

Les ouvriers: Les ouvriers travaillent de leurs mains. Ce sont eux qui travaillent dans les usines par exemple. Les ouvriers sont payés à l'heure et ils reçoivent leur salaire tous les mois.

Les artisans: Les artisans travaillent de leurs mains aussi. Mais il y a une différence entre un ouvrier et un artisan. Les artisans vendent ce qu'ils fabriquent. Ils ne sont pas salariés.

Les employés: Les employés travaillent dans un bureau ou dans un magasin. Comme les ouvriers, les employés reçoivent un salaire pour leur travail.

Les agriculteurs: Les agriculteurs cultivent la terre. Ils vivent de la terre qu'ils travaillent. Comme les artisans, les agriculteurs ne sont pas salariés.

Les cadres: Est-ce que vous connaissez les expressions anglaises «middle management» et «upper management»? Ce sont les cadres moyens et supérieurs en France. Beaucoup de cadres ont une formation universitaire. Les cadres moyens et supérieurs sont les directeurs qui dirigent le travail des ouvriers ou des employés.

Les commerçants: Les commerçants achètent une marchandise qu'ils revendent. Ils vivent de l'argent qu'ils reçoivent pour les choses qu'ils vendent. Ils ne sont pas salariés.

Les fonctionnaires: Les fonctionnaires sont les employés ou les cadres qui travaillent pour l'État (le gouvernement). En France, beaucoup de gens travaillent pour l'État. Il y a beaucoup de fonctionnaires. Les fonctionnaires sont salariés.

Les professions: Pour exercer une profession, une formation universitaire est presque toujours obligatoire. Les médecins et les avocats (*lawyers*), par exemple, exercent des professions libérales. Ils reçoivent des honoraires pour leur travail.

Nom ______________________ Date ______________________

C **Ouvrier, fonctionnaire, profession libérale?** Lisez les descriptions ci-dessous et choisissez la catégorie qui correspond à chaque description d'après la lecture.

1. M. Lyauty habite à Lyon. Il fabrique des meubles (des chaises, des tables, etc.). Il fabrique de très jolies chaises et tables en bois. Il vend les meubles qu'il fabrique.
   CATÉGORIE: ______________________
2. Mme Celle habite à Lille. Elle travaille dans une usine où l'on fabrique des ustensiles. On paie à Mme Celle un salaire pour chaque heure de travail qu'elle fait pendant le mois.
   CATÉGORIE: ______________________
3. Mme Binand travaille dans une banque à Paris. Elle travaille à la caisse. Elle reçoit un salaire.
   CATÉGORIE: ______________________
4. M. Sabre travaille dans un bureau à Castres. Il est directeur. Il a sous ses ordres plus de cent employés. Il est chef d'un département ou service.
   CATÉGORIE: ______________________
5. Mme Poireau est propriétaire d'une boutique à Èze. Elle vend des vêtements pour femmes.
   CATÉGORIE: ______________________
6. Mme Gaudet est vendeuse dans la boutique de Mme Poireau.
   CATÉGORIE: ______________________
7. M. Gallimard habite dans le sud de la France. Il cultive des légumes. Ses légumes sont vendus sur les marchés ou chez les marchands de fruits et légumes.
   CATÉGORIE: ______________________
8. Mme Colin est médecin. Elle est pédiatre. Elle a une clinique célèbre.
   CATÉGORIE: ______________________
9. M. Dupuys travaille au Ministère de l'Éducation Nationale. Il travaille pour l'État français.
   CATÉGORIE: ______________________

Nom ______________________________ Date ______________________

D **Des gadgets.** Lisez les descriptions et écrivez le numéro de la description en-dessous du gadget qui correspond.

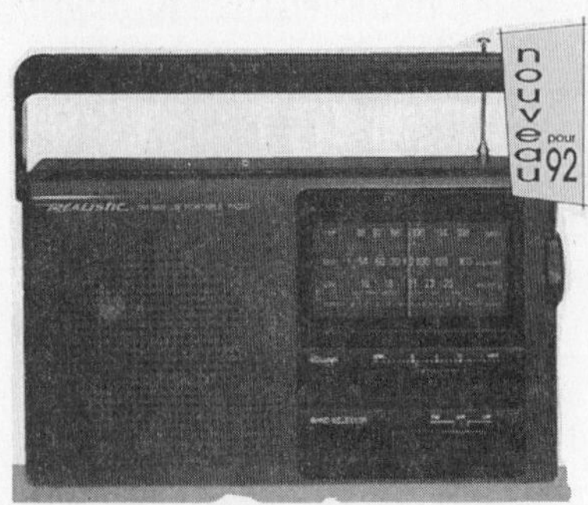

a. ____

b. ____

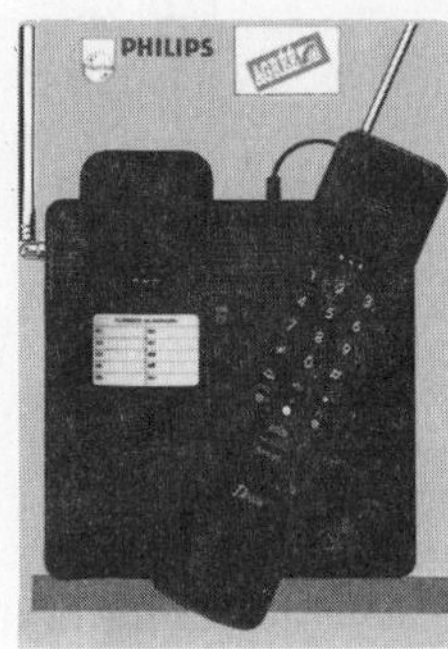

c. ____

d. ____

e. ____

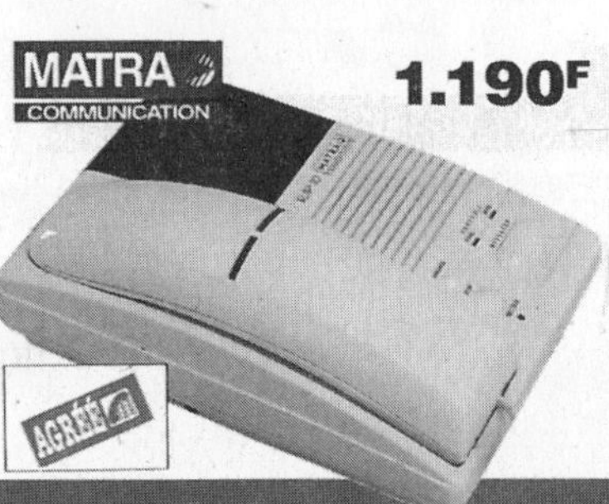

f. ____

1. Mémoire vive • 72 fonctions mathématiques, scientifiques et statistiques • Fonctions de programmation en BASIC • 10 zones de programmation • Affichage digital • Seulement 146g (avec piles)

2. Répondeur-enregistreur des annonces et messages sur micro-cassette • interrogation à distance par «beeper» ou clavier

3. Amusant et utile! • Par simple contact avec la peau, cet instrument vous renseigne instantanément sur votre degré de stress via un signal sonore qui s'amplifie plus ou moins fort selon votre état du moment • Très révélateur, surtout après une journée de travail passée «sur les nerfs», durant la projection d'un film d'horreur...• Fonctionne sur piles

4. Calendrier • Chronomètre • Alarme • Boîtier et bracelet en métal • Garantie 1 an

5. Emmenez-la partout avec vous! • Large haut-parleur • Sur piles ou secteur • Livrée avec écouteur

6. Numérotation mixte • Mémoire pour 10 numéros • Portée de 200m • Protection de l'accès à la ligne par code de sécurité • 5 mélodies de sonnerie

Nom ______________________________ Date ______________________

MON AUTOBIOGRAPHIE

Give as complete a description of your family as you can. Tell about some of your possessions, especially those that you like.

Explain whether or not you would consider your family "typical." Write what you or other members of your family did today (or yesterday) and state whether or not these are your "typical" daily activities.

Mon autobiographie

CHAPITRE 3

LE TÉLÉPHONE

VOCABULAIRE

Mots 1

A **Qu'est-ce que c'est?** Identifiez.

1. ________________________________
2. ________________________________
3. ________________________________
4. ________________________________
5. ________________________________

B **Autrement dit.** Exprimez d'une autre façon.

1. composer le numéro ________________________________
2. un appel entre deux villes ________________________________
3. donner un coup de fil ________________________________
4. vouloir ________________________________
5. introduire (une pièce dans la fente) ________________________________

Nom ______________________________ Date ____________________

C **Le contraire.** Donnez le contraire.

1. le bon numéro ______________________________
2. La ligne n'est pas libre. ______________________________
3. décrocher ______________________________
4. un téléphone privé ______________________________
5. un téléphone à cadran ______________________________
6. se souvenir de ______________________________

D **Un appel d'un téléphone public.** Complétez.

1. Pour téléphoner, il y a une ____________ ____________ au coin de la rue.
2. Il faut introduire une ____________ dans la ____________ de l'appareil.
3. Il faut attendre la ____________ et ensuite ____________ le numéro.
4. Raccrochez si ça sonne ____________.
5. Vérifiez le numéro dans ____________ si vous l'avez oublié.

Mots 2

E **Quelle est l'expression?** Choisissez l'expression qui correspond.

1. ____ Je suis desolé(e).	**a.** Vous avez le mauvais numéro.
2. ____ Qui est à l'appareil?	**b.** Ne raccrochez pas.
3. ____ C'est une erreur.	**c.** Je regrette.
4. ____ Ne quittez pas.	**d.** Ça sonne.
5. ____ La ligne est libre.	**e.** C'est de la part de qui?

STRUCTURE

L'imparfait

A **Moi, je le faisais toujours.** Récrivez les phrases avec *je*.

1. Nous le faisions toujours.

   ____

2. Nous allions toujours au concert.

   ____

3. Nous choisissions toujours des places côté couloir.

   ____

4. Nous l'attendions toujours.

   ____

5. Nous l'appelions toujours.

   ____

6. Nous voulions le faire.

   ____

B **Et vous?** Récrivez les phrases avec *vous*.

1. Tu voulais le faire?

   ____

2. Tu pouvais y aller?

   ____

3. Tu lui parlais?

   ____

4. Tu les invitais?

   ____

5. Tu lui écrivais souvent?

   ____

Nom ______________________ Date ______________

Les emplois de l'imparfait

C **Ce que je voulais faire.** Écrivez cinq choses que vous aviez envie de faire l'année dernière mais que vous n'avez pas pu faire.

1. ______________________
2. ______________________
3. ______________________
4. ______________________
5. ______________________

D **De bonnes vacances.** Donnez des réponses personnelles.

1. Quand tu étais plus jeune, tu passais toujours de bonnes vacances?
____
2. Tu allais où?
____
3. Il y avait toujours beaucoup de monde là où tu allais?
____
4. Tu allais souvent au restaurant?
____
5. Tu mangeais de bonnes choses?
____
6. Tu bronzais?
____
7. Tes amis partaient en vacances aussi?
____
8. Ils bronzaient aussi?
____
9. Ta famille et toi, vous rentriez chez vous contents et bronzés?
____

Nom ______________________________ Date ______________________

E **Une histoire fictive.** Répondez aux questions et inventez une histoire d'après le dessin.

1. Comment s'appelait-il?

____

2. Quel âge avait-il?

____

3. Où était-il?

____

4. Que faisait-il?

____

5. Comment était-il? (physiquement)

____

6. Comment était-il? (émotionnellement)

____

7. Qu'est-ce qu'il voulait faire?

____

8. Quelle heure était-il?

____

9. Quel temps faisait-il?

____

Nom ______________________________ Date ______________________

F **Mes parents.** Écrivez cinq choses que vos parents faisaient quand ils étaient plus jeunes.

Quand mes parents étaient plus jeunes...

1. ______________________________
2. ______________________________
3. ______________________________
4. ______________________________
5. ______________________________

G **Ce que votre ami(e) faisait toujours.** Demandez à votre ami(e) cinq choses qu'il / elle faisait quand il / elle était petit(e).

Quand tu étais petit(e) est-ce que tu...?

1. ______________________________
2. ______________________________
3. ______________________________
4. ______________________________
5. ______________________________

L'infinitif des verbes réfléchis

H **Demain.** Complétez.

1. Demain je vais ________________ réveiller de bonne heure.
2. Et je vais ________________ lever tout de suite.
3. Mais mon frère, je le connais bien. Il va ________________ réveiller de bonne heure mais il ne va pas ________________ lever tout de suite.
4. Je vais ________________ habiller vite.
5. Mes amis et moi, nous voulons ________________ dépêcher.
6. Nous allons ________________ dépêcher parce que nous ne voulons pas arriver en retard.
7. Et toi, tu vas ________________ lever à quelle heure demain?
8. Tes amis et toi, vous allez ________________ dépêcher aussi?

Nom ______________________________ Date ______________________

UN PEU PLUS

A **La publicité.** Lisez cette publicité pour téléphones et répondez aux questions.

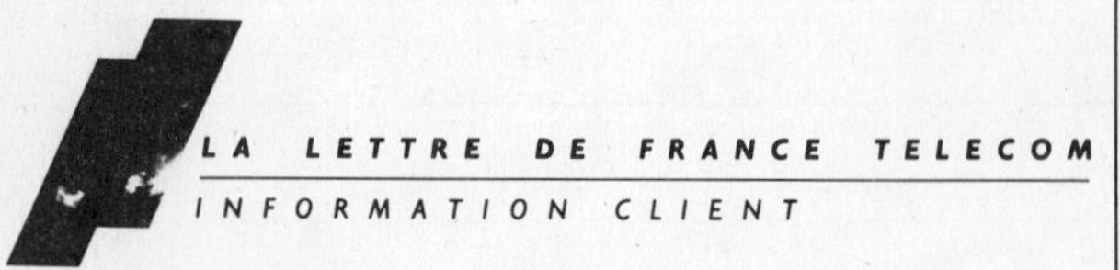

FRANCE TELECOM a fait réaliser pour vous des téléphones de qualité. Dans la gamme qui vous est proposée par votre Agence Commerciale, un spécialiste vous conseillera dans le choix du modèle qui correspond à vos besoins.

La gamme: des téléphones pour tous

– ARIA : un combiné sans fil, une portée de 200 mètres et une mémoire de 10 numéros. 1 390 F.
couleurs : blanc cassé, bleu gris

– TENOR : une numérotation sans décrocher, un afficheur, un haut-parleur et une mémoire de 15 numéros. 899 F.
couleurs : blanc cassé, anthracite

En vente:

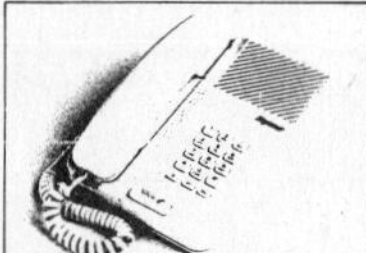

– SOPRANO : un haut-parleur et une numérotation sans décrocher. 644 F.
couleurs : sable, bronze

– RONDO : une possibilité de position murale et un haut-parleur à intensité réglable. 459 F.
couleurs : blanc, bleu nuit, rouge bordeaux

1. Qui vend les téléphones?

   ____

2. Comment est le combiné du modèle Aria?

   ____

3. Le modèle Aria a une portée de combien de mètres?

   ____

4. Ce même modèle a une mémoire de combien de numéros?

   ____

5. Quel est le prix de ce modèle?

   ____

6. On peut l'acheter en quelles couleurs?

   ____

B **C'est quel modèle?** Trouvez les renseignements suivants dans la publicité.

1. Which model has a speaker that can be regulated? ______________________
2. Which model has a memory disk for the most numbers? ______________________
3. Which model can be put on a wall? ______________________
4. Which model(s) can you dial without picking up the receiver?

   ____

Nom ______________________________ Date ____________________

C **Une facture.** Lisez les renseignements sur cette facture de FRANCE TÉLÉCOM.

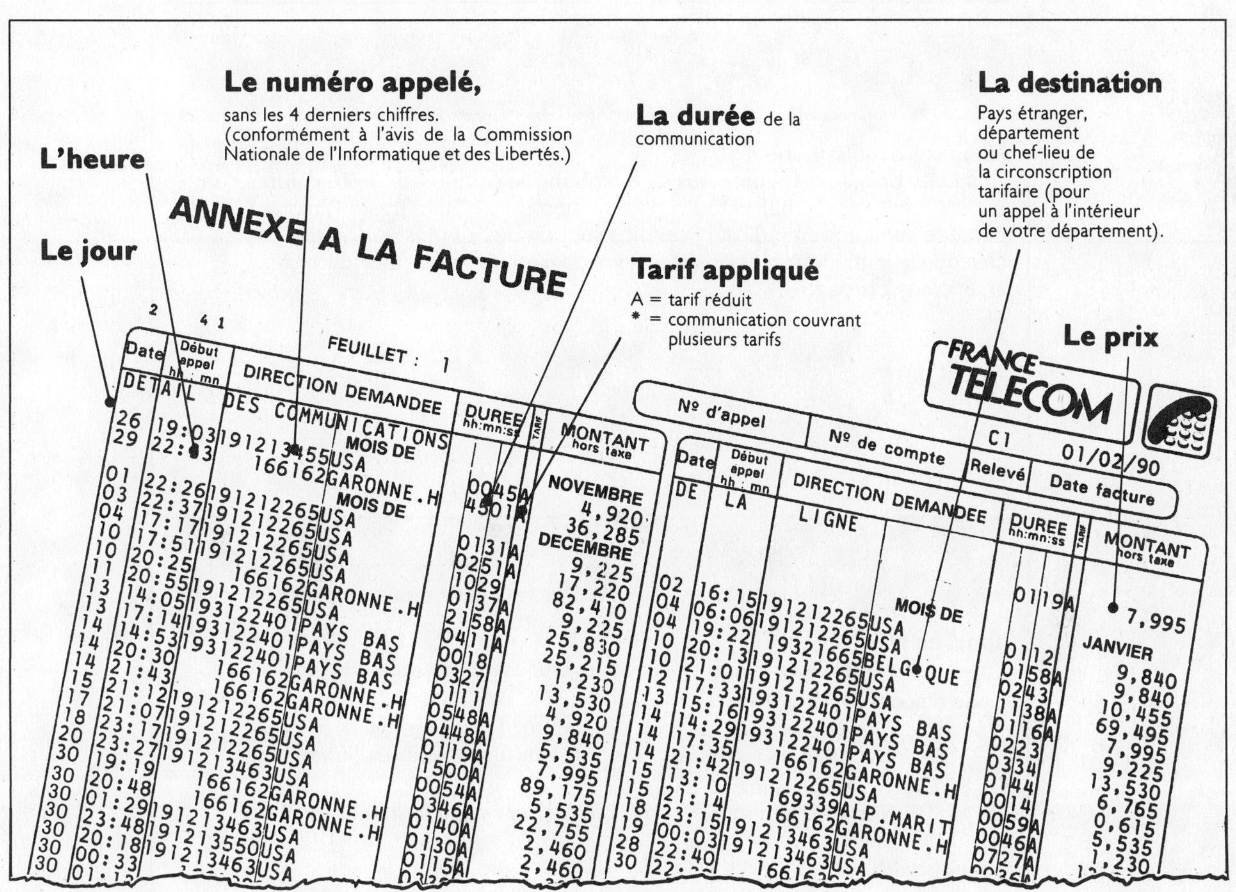

ANNEXE A LA FACTURE

FEUILLET : 1

FRANCE TELECOM

Nº d'appel | Nº de compte | C1 Relevé | 01/02/90 Date facture

Date	Début appel hh:mn	DIRECTION DEMANDEE		DUREE hh:mn:ss	TARIF	MONTANT hors taxe
DETAIL DES COMMUNICATIONS						
			MOIS DE NOVEMBRE			
26	19:03	191213455	USA	0045	A	4,920
29	22:03	166162	GARONNE.H	4501	A	36,285
			MOIS DE DECEMBRE			
01	22:26	191212265	USA	0131	A	9,225
03	22:37	191212265	USA	0251	A	17,220
04	17:17	191212265	USA	1029		82,410
10	17:51	191212265	USA	0137	A	9,225
10	20:25	166162	GARONNE.H	2158	A	25,830
11	20:55	191212265	USA	0411	A	25,215
13	14:05	193122401	PAYS BAS	0018		1,230
13	17:14	193122401	PAYS BAS	0327		13,530
14	14:53	193122401	PAYS BAS	0111		4,920
14	20:30	166162	GARONNE.H	0548	A	9,840
14	21:43	166162	GARONNE.H	0448	A	5,535
15	21:12	191212265	USA	0119	A	7,995
17	21:07	191212265	USA	1500	A	89,175
18	23:17	191212265	USA	0054	A	5,535
20	23:27	191213463	USA	0346	A	22,755
30	19:19	166162	GARONNE.H	0140	A	2,460
30	20:48	166162	GARONNE.H	0130	A	2,460
30	01:29	191213463	USA	0115	A	
30	23:48	191213550	USA			
30	20:18	191213463	USA			
30	00:33					
30	01:1					

Date	Début appel hh:mn	DIRECTION DEMANDEE		DUREE hh:mn:ss	TARIF	MONTANT hors taxe
DE LA LIGNE						
02	16:15	191212265	USA	0119	A	7,995
			MOIS DE JANVIER			
04	06:06	191212265	USA	0112		9,840
04	19:22	19321665	BELGIQUE	0158	A	9,840
10	20:13	191212265	USA	0243		10,455
10	21:01	191212265	USA	1138	A	69,495
12	17:33	193122401	PAYS BAS	0116	A	7,995
13	15:16	193122401	PAYS BAS	0223		9,225
14	14:29	193122401	PAYS BAS	0334		13,530
14	17:35	166162	GARONNE.H	0144		6,765
14	21:42	191212265	USA	0014		0,615
15	13:10	169339	ALP.MARIT	0059	A	5,535
15	21:14	166162	GARONNE.H	0046	A	1,230
18	23:15	191213463	USA	0727	A	
19	00:03	191213463	USA			
28	22:40	16616				
30	22:					

D **Des appels téléphoniques.** Répondez aux questions d'après la facture.

1. Quel pays a-t-on appelé le 4 décembre? ______________________________
2. La conversation a duré combien de temps? ______________________________
3. Cet appel a coûté combien? ______________________________
4. Combien d'appels aux Pays-Bas a-t-on fait au mois de janvier? ____________
5. On a téléphoné en Belgique quel jour? ______________________________
6. Cet appel a commencé à quelle heure? ______________________________
7. Il y avait un tarif réduit sur cet appel? ______________________________

Nom ______________________________ Date ____________________

E **Le guide du téléphone.** Lisez les renseignements suivants tirés d'un guide du téléphone pour les clients français des hôtels américains.

Le téléphone aux États-Unis

Numéros de téléphone
Aux États-Unis, tous les numéros de téléphone se composent de 10 chiffres : un indicatif régional (3 chiffres) suivi d'un numéro local (7 chiffres). Chaque État possède au moins un indicatif ; certains sont divisés en plusieurs régions ayant chacune le leur. Pour plus de détails, voir la carte des indicatifs régionaux américains à la page 93.

Exemple :

Vocabulaire

Appel en PCV :
Appel facturé au correspondant (sur autorisation de sa part).

Code d'accès de l'hôtel :
Numéro à composer pour obtenir une ligne permettant de communiquer avec l'extérieur depuis une chambre d'hôtel.

Code d'accès international :
Numéro à composer pour obtenir une ligne téléphonique internationale.

Appel prix/durée :
Appel pour lequel le demandeur demande *avant l'appel* à un opérateur de l'informer après l'appel de la durée de la communication et de son coût.

Renseignements :
Numéro à composer pour obtenir un numéro de téléphone souhaité.

Pour téléphoner depuis votre Chambre d'hôtel

Appels En Automatique
Plus de 150 destinations extérieures aux États-Unis peuvent être atteintes en automatique... sans faire appel à un opérateur. Ces destinations sont reprises sur le tableau des pages 58 à 85. Pour composer votre numéro en automatique :

- Composez le code d'accès de l'hôtel. Attendez la tonalité d'appel.
- Composez le "011" (code d'accès international).
- Composez l'indicatif du pays appelé, puis celui de la région souhaitée (voir pages 58 à 85).
- Composez le numéro local voulu.
- Il se peut que le standard de l'hôtel vous demande le numéro de votre chambre.

Exemple: Pour appeler Paris en automatique :

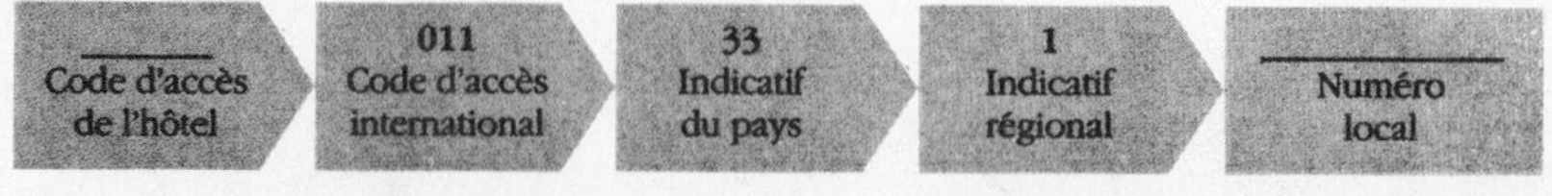

Nom _______________________ Date _______________________

F Pour téléphoner. Répondez aux questions d'après le guide ci-dessus.

1. De combien de chiffres les numéros de téléphone se composent-ils aux États-Unis?

____

2. L'indicatif régional a combien de chiffres? _______________________

3. Combien de destinations extérieures aux États-Unis peuvent être atteintes en automatique?

____

4. Qu'est-ce qu'il faut faire pour appeler Paris en automatique?

____

____

____

____

____

____

G Comment dit-on? Donnez l'équivalent français d'après le guide de l'Activité E.

1. local number _______________________
2. Information _______________________
3. collect call _______________________
4. international access code _______________________

Nom ______________________________ Date ______________________

MON AUTOBIOGRAPHIE

The telephone! Do you like to use it or not? Tell what kind of phone you have and who you call frequently. Tell what you talk about.

Then compare yourself to the young man in Chapter 3. Did you love to use the phone when you were very young? Whom did you call?

Mon autobiographie

Nom ______________________________ Date ______________________________

CHAPITRE 4

«EN VOITURE!» HIER ET AUJOURD'HUI

VOCABULAIRE

Mots 1

A **Les trains.** Complétez.

1. Les ______________ trains ont des ______________ à couloir latéral et les nouveaux trains ont des ______________ à couloir ______________.
2. Les nouveaux trains à ______________ central n'ont pas de ______________.
3. Les places sont ______________: 21, 22, etc.
4. Certaines voitures ont des sièges ______________, c'est-à-dire qu'on peut les régler (changer de position).
5. Certains sièges ont des ______________ rabattables comme dans les avions.
6. J'ai faim. Je veux manger quelque chose. Je vais à la ______________ ______________.
7. Le contrôleur entre dans la voiture. Il ______________ les billets. Il les ______________.

B **Dites-le d'une autre façon.** Choisissez la phrase qui correspond.

1. ____ Excusez-moi.
2. ____ Vous vous trompez.
3. ____ J'ai loué ma place.
4. ____ Je suis désolé.
5. ____ Ce n'est pas grave.

- **a.** J'ai réservé ma place.
- **b.** Il n'y a pas de problème.
- **c.** Pardon!
- **d.** Je regrette.
- **e.** C'est une erreur.

C **Le contraire.** Choisissez le contraire.

1. ____ le départ
2. ____ nouveau
3. ____ central
4. ____ disponible
5. ____ vide
6. ____ debout
7. ____ entrer
8. ____ le dernier

- **a.** latéral
- **b.** complet
- **c.** sortir
- **d.** l'arrivée
- **e.** vieux
- **f.** le premier
- **g.** assis
- **h.** pris(e)

Nom ________________________________ Date ____________________

Mots 2

D **Quel est le mot?** Pour chaque définition, donnez le mot.

1. le tableau qui indique les trains qui partent ____________________
2. le tableau qui indique les trains qui arrivent ____________________
3. les lignes qui desservent les petites villes qui sont près de la grande ville ____________________

    ____
4. les lignes qui desservent les grandes villes de France ____________________
5. le bureau où l'on va pour réserver une place dans le train ____________________

    ____
6. les gens qui voyagent ____________________
7. prendre la correspondance ____________________
8. la voiture du train où l'on met les bagages ____________________
9. une bicyclette ____________________

E **À la gare.** Décrivez le dessin.

____

____

____

____

____

Nom ______________________________ Date ____________________

F **Le verbe et le nom.** Choisissez le nom qui correspond au verbe.

1. ____ partir
2. ____ arriver
3. ____ louer
4. ____ réserver
5. ____ descendre
6. ____ arrêter
7. ____ visiter

a. la location
b. l'arrêt
c. la visite
d. le départ
e. la réservation
f. l'arrivée
g. la descente

G **Dans le train.** Décrivez le dessin.

____

____

____

____

____

Nom ______________________________ Date ______________________

STRUCTURE

L'imparfait et le passé composé

A **Qu'est-ce que c'est?** Choisissez.

		PRÉCIS	HABITUEL
1.	toujours		
2.	hier		
3.	une fois		
4.	souvent		

B **Un coup de fil.** Répondez.

1. Tu as téléphoné à ton ami hier?

____

2. Tu lui téléphonais souvent?

____

3. Hier, sa mère a répondu au téléphone?

____

4. C'etait sa mère qui répondait presque toujours?

____

C **Toujours le même train.** Complétez avec le passé composé ou l'imparfait.

1. arriver

Il ____________________ à la gare tous les matins à sept heures et demie.

Il ____________________ à la gare ce matin à huit heures.

2. prendre

Il ____________________ toujours le même train.

Mais ce matin il ____________________ un autre train.

3. rater

Il ne ____________________ jamais son train.

Mais ce matin il l'____________________ parce qu'il est arrivé en retard à la gare.

4. se réveiller

Il ____________________ tous les matins à six heures.

Mais ce matin il a fait la grasse matinée. Il ____________________ à sept heures.

Nom ______________________ Date ______________

D **Une fois ou souvent?** Écrivez des phrases originales au passé d'après les indications.

MODÈLE: **je / souvent** ***Quand j'étais petit(e), j'allais souvent au parc.***
je / une fois ***Une fois, je suis allé(e) au Canada.***

1. mon copain / tous les étés ______________________

____

mon copain / l'été dernier ______________________

____

2. nous / tous les jours ______________________

nous / hier ______________________

3. tu / hier soir ______________________

tu / le vendredi soir ______________________

Deux actions au passé dans la même phrase

E **Au téléphone.** Complétez.

1. Je ______________ dans la cuisine quand le téléphone ______________. (travailler, sonner)
2. Je ______________ le dîner quand tu m'as ______________. (préparer, téléphoner)
3. Je te ______________ au téléphone quand mes parents ______________. (parler, rentrer)
4. Ils m'______________ à qui je ______________. (demander, parler)
5. Je leur ______________ que je ______________ avec toi. (répondre, bavarder)

F **Dans la gare.** Complétez au passé.

1. Les voyageurs ______________ le train sur le quai. (attendre)
2. Le train ______________ et les voyageurs ______________ en voiture. (arriver, monter)
3. Beaucoup de voyageurs ______________ une place quand le train ______________. (chercher, partir)
4. Le train ______________ complet. Il n'y ______________ plus de places disponibles. (être, avoir)
5. Le contrôleur ______________ dans notre voiture. (entrer)
6. Il nous ______________ nos billets. (demander)

Nom ______________________ Date ______________________

Personne ne... *et* rien ne...

G **Non, non!** Complétez.

1. Qu'est-ce que tu as dans la main?
   Moi, je n'ai ______________ dans la main.
2. Qui as-tu vu?
   Moi, je n'ai vu ______________.
3. Tu y allais souvent?
   Souvent? Absolument pas! Je n'y suis ______________ allé.
4. Tu as parlé à Nathalie?
   À Nathalie? Non. Je n'ai parle à ______________.

H **Toujours rien.** Répondez négativement.

1. Qui est dans la cuisine?
   ______________ est dans la cuisine.
2. Qui a téléphoné?
   ______________ a téléphoné.
3. Qu'est-ce qui change?
   ______________ change.
4. Qu'est-ce qui est arrivé?
   ______________ est arrivé.
5. Quelqu'un est venu me voir?
   ____
6. Quelque chose est tombé?
   ____
7. Qui a raté le train?
   ____
8. Qu'est-ce qui s'est passé ce matin?
   ____

Nom ______________________________ Date ______________________

UN PEU PLUS

A **Voyagez léger.** Lisez les renseignements suivants et répondez aux questions.

1. Quand faut-il enregistrer les bagages?

____

____

____

2. Pour ne pas perdre ses bagages, qu'est-ce que la SNCF recommande de faire?

____

____

____

____

____

____

____

3. Vous voulez enregistrer votre planche à voile.

   C'est combien? _______________________________

4. Vous voulez enregistrer un colis et vous voulez que la SNCF l'enlève à domicile, c'est-à dire chez vous. Vous allez payer combien?

____

Voyagez léger.

ENREGISTREZ A L'AVANCE

Chaque fois que cela vous est possible et surtout en période de pointe, enregistrez vos bagages quelques jours avant votre départ. Ils vous attendront à votre arrivée.

- **Assurances**
La SNCF n'est pas responsable des bagages à main. Pour les bagages enregistrés, les indemnités versées en cas de perte, vol, avarie... sont limitées. Possibilité de faire assurer bagages à main et enregistrés.

- **Quelques précautions**
Écrire nom et adresse de destination sur chaque bagage et à l'intérieur. Ne pas mettre d'objet de valeur dans les bagages enregistrés laissés en consigne ou placés dans les cases spéciales des trains Corail, TGV, TEE...

- **Les prix***

	Droit d'enregistrement	Enlèvement à domicile	Livraison à domicile
Par colis	20,00 F	12,00 F	12,00 F
Par cyclomoteur ...	60,00 F	-	-
Par planche à voile	100,00 F	-	-
Par voiturette de blessés, de malades ou d'invalides	10,00 F	6,00 F	6,00 F

Une taxe supplémentaire peut être perçue pour les enregistrements à destination de certaines localités.

*Prix au 1.4.82

Imp. Déchaux, Aulnay-sous-Bois - SNCF 1982 - n° 39.

© PUBLICIS

R.C. PARIS B 552 049 447

B **Comment dit-on?** Donnez l'équivalent français.

1. Travel light. _______________________________
2. at the busiest time _______________________________
3. in the event of loss _______________________________
4. valuable object _______________________________
5. the special compartments _______________________________

C **Les symboles.** Regardez ces symboles qu'on trouve dans les grandes gares et choisissez les symboles qui correspondent aux phrases ci-dessous.

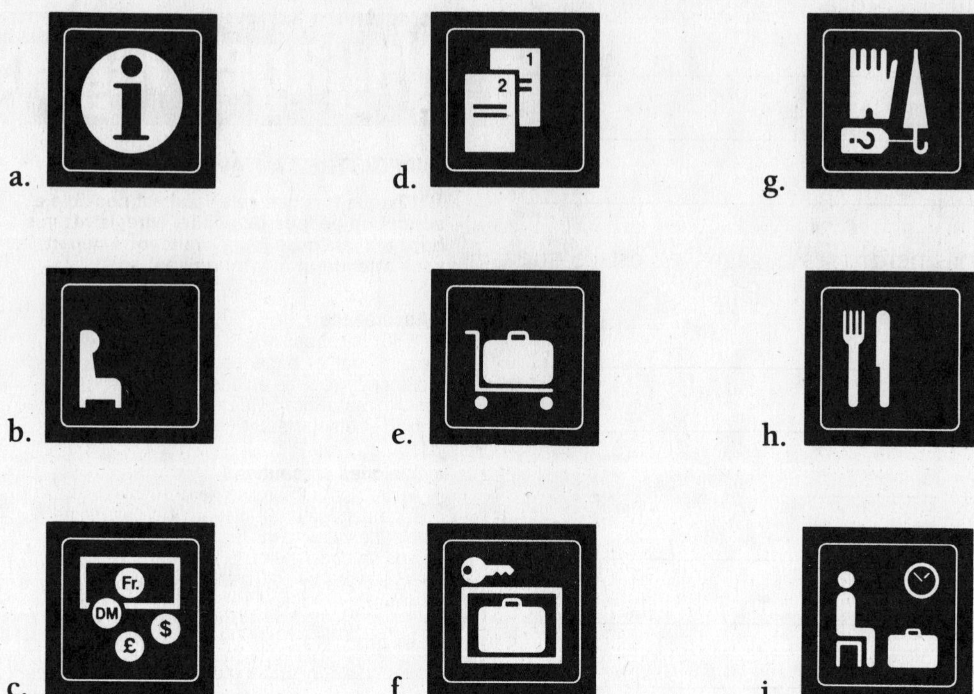

1. _____ J'ai faim. Je voudrais manger quelque chose.
2. _____ Je voudrais déposer ou laisser mes bagages pour une heure pendant que je me promène un peu dans la ville.
3. _____ Je suis en avance. Je voudrais attendre le train.
4. _____ J'ai beaucoup de bagages et il n'y a pas de porteur.
5. _____ J'ai perdu mes clés.
6. _____ Je ne sais pas où je peux trouver un taxi.
7. _____ Je veux changer de l'argent.
8. _____ Je voudrais acheter mon billet.
9. _____ Je voudrais louer une place dans le train pour Nice.

Nom ______________________ Date ______________________

MON AUTOBIOGRAPHIE

As you know, train travel is more common in France than it is here in the United States. Give your opinion: do you think we should have more train service here in the U.S. or not?

If you have ever traveled anywhere by train, write about your experience.

Mon autobiographie

Nom ______________________ Date ______________________

SELF-TEST 1

A Où est-ce qu'on a fait les choses suivantes? Choisissez.

1. ____ L'employé a pesé tous mes colis.
2. ____ J'ai dû employer une carte et puis j'ai pu faire le numéro.
3. ____ On a mis nos vélos dans le fourgon à bagages.
4. ____ C'est Maman qui a fait la vaisselle.
5. ____ Nous avons mis le couvert pour cinq personnes.

a. à la maison
b. à la gare
c. à la poste
d. dans une cabine téléphonique

B Répondez d'après les dessins.

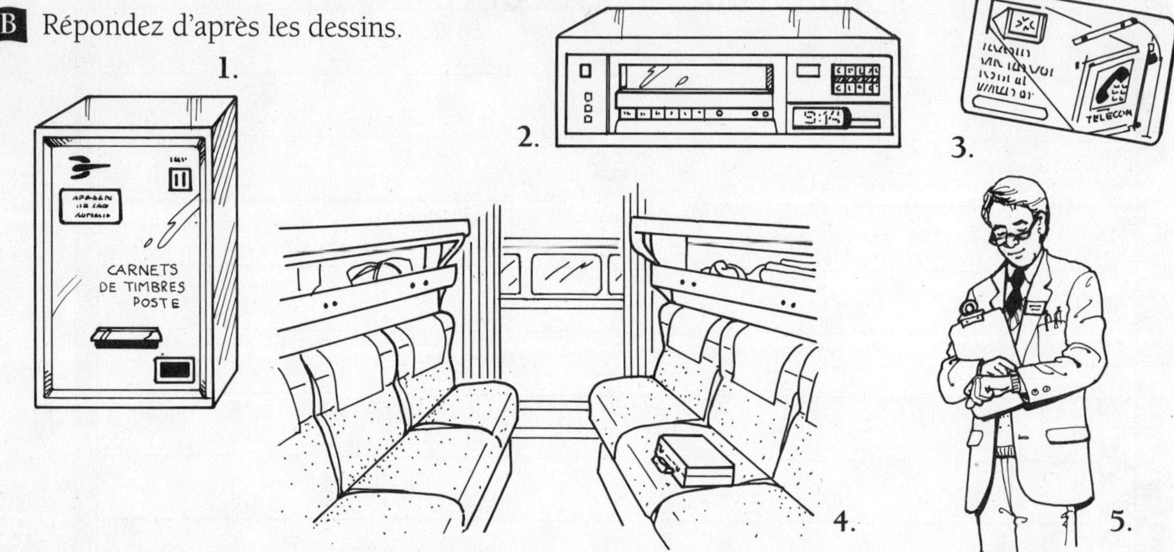

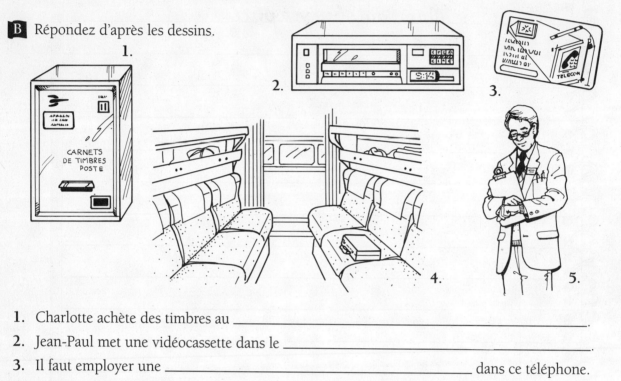

1. Charlotte achète des timbres au ______________________.
2. Jean-Paul met une vidéocassette dans le ______________________.
3. Il faut employer une ______________________ dans ce téléphone.
4. Personne n'est assis dans le ______________________.
5. Le ______________________ travaille dans l'usine.

C Choisissez le mot qui ne va pas avec les autres.

1.	le téléviseur	le zappeur	le pot-au-feu	le répondeur
2.	le cadran	la fente	la touche	l'indicatif
3.	la ligne de banlieue	le siège réglable	la tablette rabattable	la place numérotée
4.	le colis	la ville	le paquet	le contenu
5.	l'ouvrier	le facteur	le contrôleur	le courrier

Nom ____________________ Date ____________________

D Répondez d'après les dessins en employant la forme convenable de *payer, envoyer, employer* ou *s'asseoir.*

1. Les garçons ____________________ une lettre au Père Noël.
2. Mes parents ____________________ dans la salle de séjour.
3. Marie-France ____________________ l'employé.
4. Il ____________________ le zappeur pour changer de chaîne.
5. Le chat ____________________ aux pieds de Valérie.

E Complétez au passé composé.

1. Ma sœur et moi, nous ____________________ de bonne heure. (se lever)
2. Josette, tu ____________________ à la plage? (s'amuser)
3. Mathieu et Patrick ____________________ ce matin. (se dépêcher)
4. Vous ____________________, Mme Caron? (se dépêcher)

F Faites l'accord du participe passé quand c'est nécessaire.

1. Les timbres que j'ai acheté____ représentaient Monet.
2. Mélanie, tu as déjà mis____ la nouvelle robe que je t'ai offert____?
3. Il est deux heures et mes amies ne sont pas encore là. Je les ai appelé____ à midi.
4. J'ai envoyé____ la lettre et le colis. Je les ai envoyé____ par avion.

G Complétez avec *qui* ou *que*.

1. Nous regardons une émission ____________ nous intéresse beaucoup.
2. Le client ____________ vous allez voir est très aimable.
3. C'est le colis ____________ tu as assuré?
4. C'est une erreur ____________ n'est pas excusable.

Nom ________________________ Date ________________

H Récrivez les phrases en remplaçant les mots en italique par une expression négative. Suivez le modèle.

Tu as vu *Laurent* hier.
Tu n'as vu personne hier.

1. Il a envoyé *les cartes postales.*

___

2. *Mon père* a enregistré le film à la télé.

___

3. Nous avons *quelquefois* réservé nos places.

___

4. *Ce livre* m'a intéressé.

___

5. J'ai réveillé *mon frère.*

___

I Faites une seule phrase d'après le modèle.

Marie te regarde. Tu regardes Marie.
Vous vous regardez.

1. Patrick te téléphone. Tu téléphones à Patrick.

___

2. Je te sers. Tu me sers.

___

3. Mélanie écrit à Fabienne. Fabienne écrit à Mélanie.

___

4. Jean-Louis voit Catherine. Catherine voit Jean-Louis.

___

5. Charlotte parle à son prof. Son prof parle à Charlotte.

___

Nom ____ Date ____________________________

J Faites l'accord du participe passé quand c'est nécessaire.

1. Ce matin, Mireille et François se sont vu____ et ils se sont dit____ bonjour.
2. Mes amies se sont salué____ quand elles se sont vu____ devant le lycée.
3. Nous nous sommes téléphoné____ et nous nous sommes parlé____ pendant une heure.
4. Ils se sont écrit____ et ils se sont retrouvé____ une année plus tard.

K Complétez d'après les dessins.

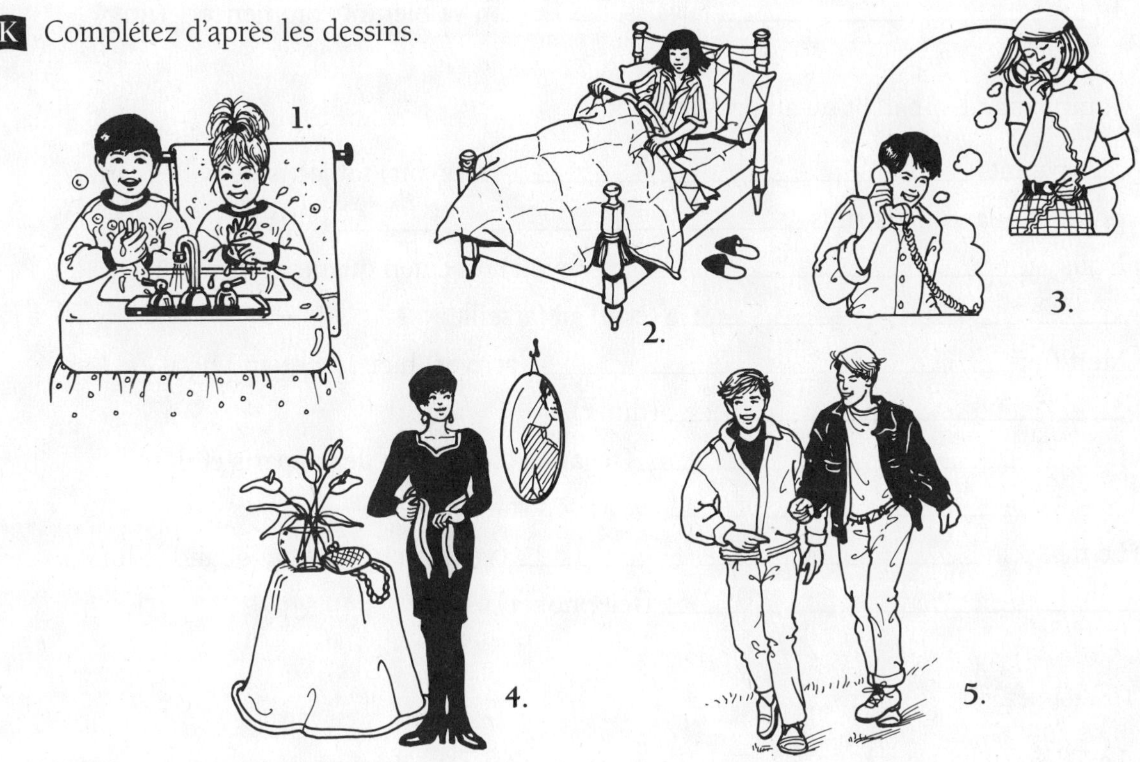

1. Nous allons ________________________________ les mains.
2. Je veux ________________________________ de bonne heure.
3. Ils ne doivent pas ________________________________ au téléphone.
4. Tu préfères ________________________________ simplement ou de façon chic?
5. Vous devez ________________________________! Il est tard!

L Complétez à l'imparfait.

1. Ma mère ________________________________ beaucoup pendant les vacances. (lire)
2. Nous ________________________________ de la gymnastique. (faire)
3. Tu ________________________________ toujours de chaîne à la télé. (changer)
4. Où ____________________________-vous quand vous ____________________________ jeune? (habiter, être)

Nom ______________________ Date ______________________

M C'est le passé composé ou l'imparfait?

1. Ce petit garçon ______________ souvent nous voir. (venir)
2. Il ______________ son colis hier avant de l'envoyer. (peser)
3. Mon grand-père ______________ tous les après-midis. (se promener)
4. Vous ______________ dans une usine quand vous étiez jeune? (travailler)
5. Tu ______________ la vaisselle? Le film va bientôt commencer. (finir)

N Complétez à l'imparfait ou au passé composé.

1. Mes parents ______________ (recevoir) toujours de belles cartes postales quand leurs amis ______________ (aller) en vacances.
2. Nous ______________ (avoir) un chien quand nous ______________ (être) à Marseille.
3. Mon frère ______________ (arriver) hier soir quand nous ______________ (dîner).
4. Il ______________ (regarder) le tableau des départs et il ______________ (voir) son train.
5. Le médecin ______________ (venir) tout de suite quand je lui ______________. (téléphoner).

O Choisissez.

1. Le TGV est ____.
   a. un train avec de grandes voitures
   b. un train à grande vitesse
   c. un train avec de grandes valises
2. Les grandes lignes sont des trains qui desservent ____.
   a. les petites villes de France
   b. les villes de banlieue
   c. les grandes villes de France et des autres pays d'Europe
3. Quand ils répondent au téléphone, les Français disent: ____
   a. «Ne quittez pas, s'il vous plaît.»
   b. «La ligne est occupée.»
   c. «Allô!»
4. Au petit déjeuner, les Français prennent ____.
   a. des tartines
   b. un pot-au-feu
   c. une omelette
5. Paul écrit à sa sœur. À la fin de la lettre il écrit ____.
   a. Meilleurs souvenirs
   b. Amitiés
   c. Grosses bises

Answers appear on page 191.

CHAPITRE

5 LA COIFFURE

VOCABULAIRE

Mots 1

A **Mes préférences.** Donnez des réponses personnelles.

1. Tu préfères les cheveux raides, frisés ou bouclés?

   ____

2. Tu préfères les cheveux longs, mi-longs ou courts?

   ____

3. Tu préfères les cheveux blonds, roux, noirs ou châtains?

   ____

4. Tu as les cheveux longs?

   ____

5. Tu as les cheveux bouclés?

   ____

6. Tu as les cheveux châtains?

   ____

B **Qu'est-ce que c'est?** Identifiez.

1. ____________ 2. ____________ 3. ____________

4. ____________ 5. ____________

Nom ______________________ Date ______________________

C **C'est où?** Identifiez.

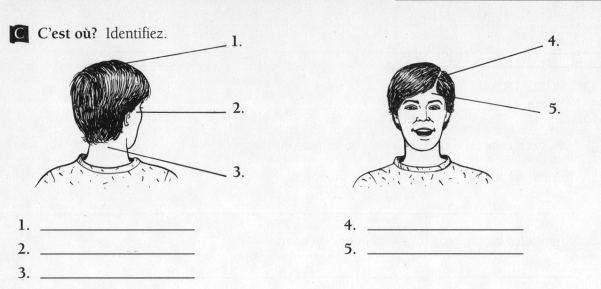

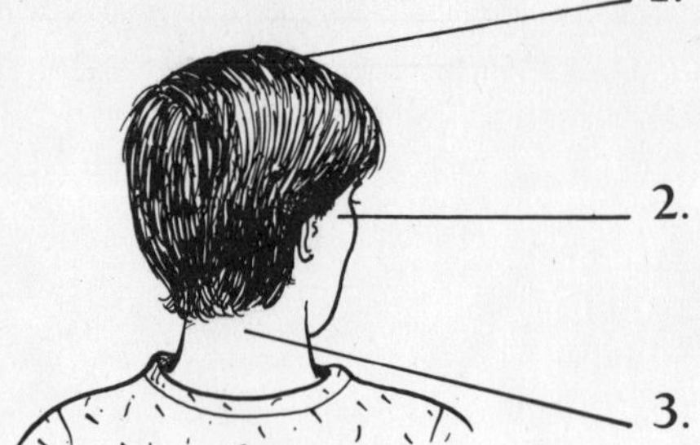

1. ______________________
2. ______________________
3. ______________________
4. ______________________
5. ______________________

Mots 2

D **La toilette.** Choisissez le mot qui ne va pas avec les autres.

1. la laque	le shampooing	l'eau de toilette
2. le talc	la laque	le gel
3. l'eau de toilette	le mascara	le parfum
4. le séchoir	les rouleaux	la brosse à dents
5. les lèvres	les cils	les ongles
6. le vernis à ongles	le shampooing-crème	le rouge à lèvres

E **La beauté.** Répondez.

Quels produits de beauté met-on sur...

1. les ongles?

____

2. les lèvres?

____

3. les cheveux?

____

(*continued on next page*)

Nom ______________________ Date ______________________

4. les cils?

____

5. le corps?

____

6. le visage?

____

F **Le verbe et le nom.** Choisissez le nom qui correspond au verbe.

1. ____ produire	**a.** le séchoir
2. ____ maquiller	**b.** la brosse
3. ____ sécher	**c.** le produit
4. ____ couper	**d.** la coiffure
5. ____ brosser	**e.** la coupe
6. ____ préférer	**f.** la préférence
7. ____ coiffer	**g.** le maquillage

G **Chez le coiffeur.** Décrivez le dessin.

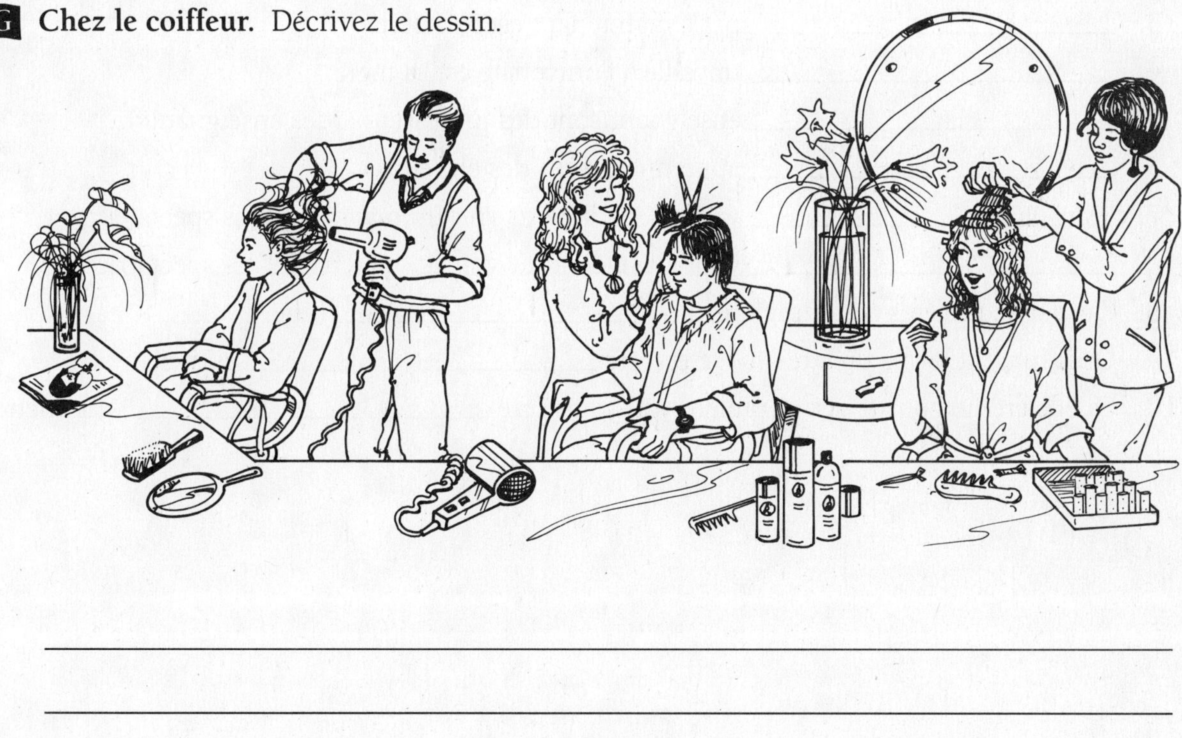

____

____

____

____

____

Nom ______________________ Date ______________________

STRUCTURE

Les pronoms interrogatifs et démonstratifs

A **Encore des préférences.** Complétez avec une forme de *lequel* ou *celui*.

1. ______________ de ces deux styles préfères-tu?
   Franchement, je préfère ______________.
2. ______________ de ces deux coiffures préfères-tu?
   Franchement, je préfère ______________.
3. Voilà un flacon de parfum et en voilà un autre. ______________ préfères-tu?
   Moi, je préfère ______________.
4. De tous les produits de beauté, ______________ préfères-tu?
   Je préfère ______________.
5. De tous les livres que tu as lus, ______________ préfères-tu?
   Moi, je préfère ______________ que j'ai dans ma bibliothèque.

B **Qui?** Complétez avec une forme de *celui qui / que* ou *celui de*.

1. ______________ coupe les cheveux est le coiffeur.
2. ______________ coupe les cheveux est la coiffeuse.
3. ______________ parle maintenant est son père.
4. ______________ travaille à l'université est sa mère.
5. ______________ enseignent sont des professeurs (des enseignants).
6. ______________ apprennent sont des élèves.
7. ______________ vont au stade pour voir un match sont les spectateurs et
   ______________ vont au stade pour voir un match sont les spectatrices.
8. Quel style préfères-tu? Je préfère ______________ Julie.
9. Quel rouge à lèvres préfères-tu? Je préfère ______________ Lucie.
10. Quelle crème pour le visage préfères-tu? Je préfère ______________ Antoinette.

Nom ______________________ Date ______________

Le pluriel en -x

C **Quel est le mot?** Complétez.

1. Il coupe les cheveux avec des ______________.
2. Elle a les ______________ bouclés.
3. La coiffeuse fait une mise-en-plis avec des ______________.
4. Il lit au moins deux ______________ tous les jours: Le *New York Times* et un autre ______________ local.
5. Ces problèmes concernent les États-Unis. Ce sont des problèmes ______________.

D **Le singulier, s'il vous plaît.** Récrivez au singulier.

1. les problèmes régionaux ______________
2. les crises nationales ______________
3. les travaux techniques ______________
4. les journaux locaux ______________
5. les rouleaux chauffants ______________
6. les élections générales ______________
7. les gouvernements fédéraux ______________

Les expressions de temps

E **Mes cours.** Donnez des réponses personnelles.

1. Depuis combien de temps fais-tu des maths?

   ____

2. Depuis combien de temps fais-tu du français?

   ____

3. Depuis combien de temps fais-tu de l'histoire?

   ____

4. Depuis quand joues-tu au foot (ou à un autre sport)?

   ____

5. Depuis quand connais-tu ton meilleur ami ou ta meilleure amie?

   ____

Nom ______________________ Date ______________________

UN PEU PLUS

A **Le clean look.** Lisez cet article qui a paru récemment dans le *Journal Français d'Amérique*.

LE CLEAN LOOK EST DE RETOUR

Cet été, chez les messieurs, on ne verra plus de mèches tombant sur le coin de l'œil ou de boucles cachant la nuque. Les coiffeurs préconisent le retour du clean look à la Guy Forget (numéro 1 français de tennis). Du coup, les pattes raccourcissent, reléguant au placard le look rocker. On note également un retour de la raie sur le côté, même si la mèche a diminué de longueur. Pour les inconditionnels des cheveux longs, ils seront tolérés à la condition d'être emprisonnés dans un petit chignon sur le sommet du crâne, à la barbare.

B **En français.** Donnez l'équivalent français.

1. The clean look is back. ______________________
2. concealing (hiding) the back of the neck ______________________
3. sideburns are getting shorter ______________________
4. a side part ______________________
5. a little bun on the top of the head ______________________

Nom ________________________________ Date ____________________

C **Coiffeur ou tennisman?** Choisissez.

Qui est Guy Forget?

a. un coiffeur

b. un tennisman

D **Les cheveux de Forget.** Comment Guy Forget porte-t-il ses cheveux? Décrivez-les d'après la lecture.

____

____

____

____

____

____

E **En d'autres termes.** Choisissez les mots qui correspondent.

1. ____ mis en prison	**a.** raccourcir
2. ____ prévoir, prédire	**b.** tolérer
3. ____ devenir plus court	**c.** emprisonné
4. ____ exiler	**d.** le sommet
5. ____ le haut	**e.** préconiser
6. ____ permettre, supporter	**f.** reléguer

Nom ______________________ Date ______________

MON AUTOBIOGRAPHIE

Write about your favorite hairstyle for the moment. Tell how you wear your hair. Then go on to describe a hairstyle that you like for the opposite sex.

If you have a boyfriend or girlfriend, describe his or her current hairstyle.

Mon autobiographie

Nom ______________________ Date ______________________

CHAPITRE

6 UN ACCIDENT ET L'HÔPITAL

VOCABULAIRE

Mots 1

A **Le corps humain.** Identifiez.

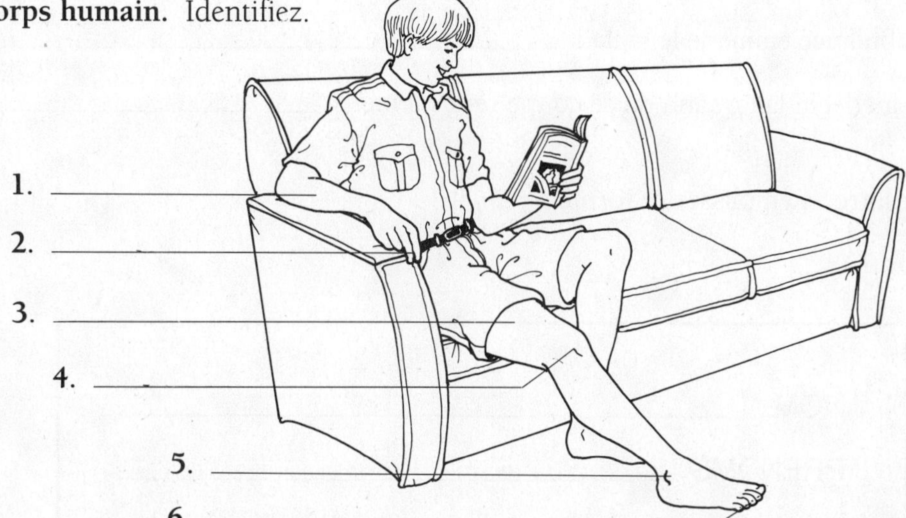

1. ______________________
2. ______________________
3. ______________________
4. ______________________
5. ______________________
6. ______________________

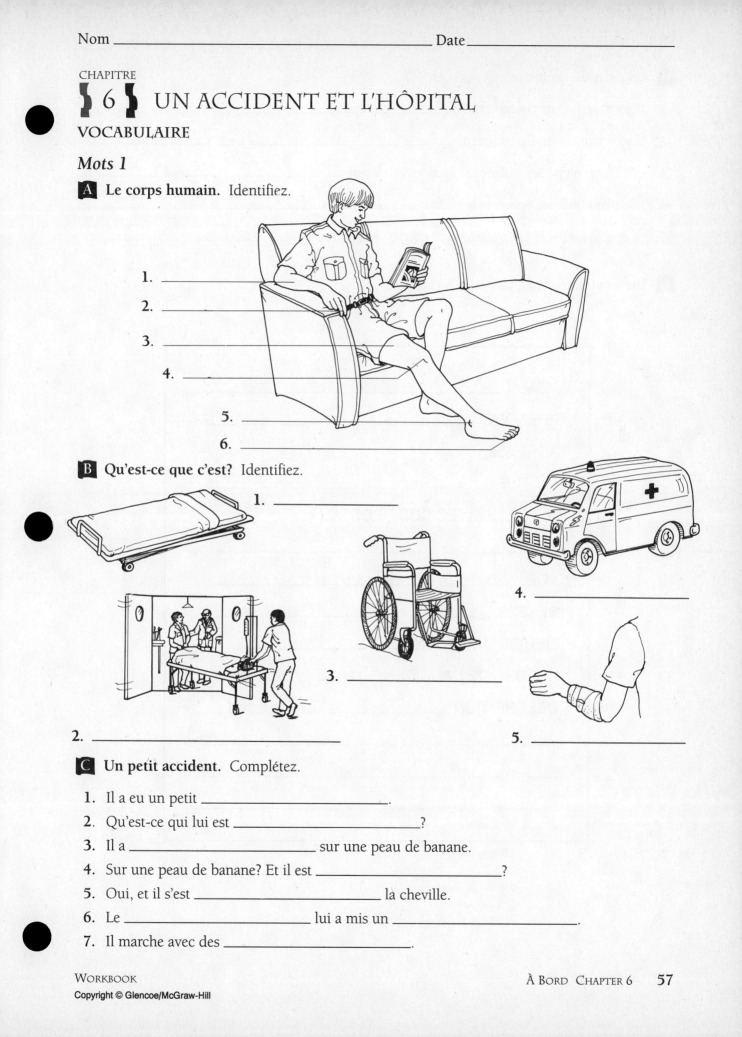

B **Qu'est-ce que c'est?** Identifiez.

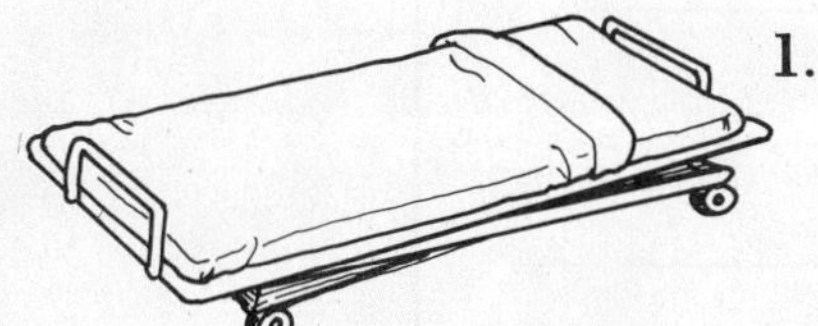

1. ______________________

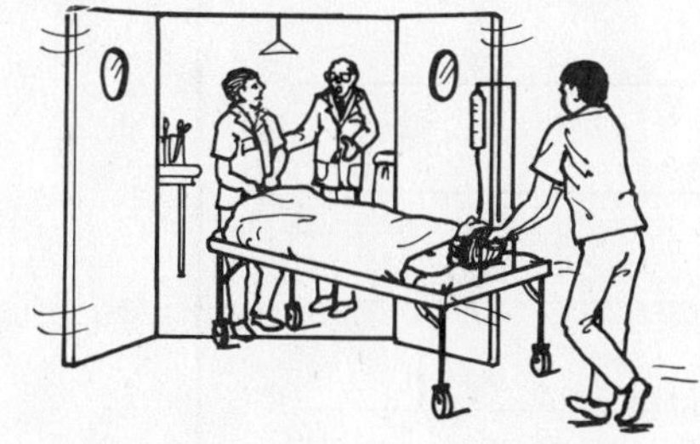

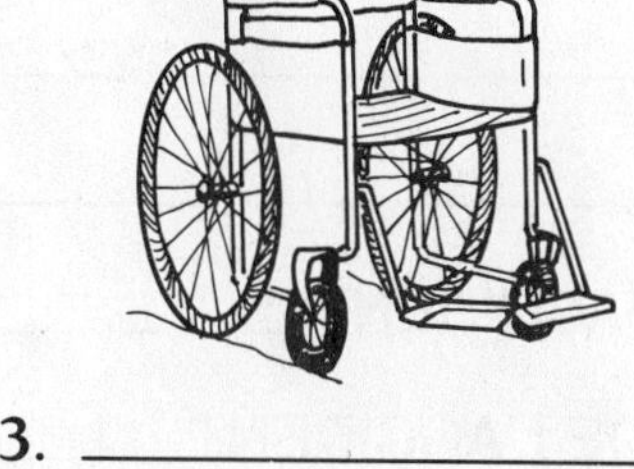

2. ______________________
3. ______________________
4. ______________________
5. ______________________

C **Un petit accident.** Complétez.

1. Il a eu un petit ______________________.
2. Qu'est-ce qui lui est ______________________?
3. Il a ______________________ sur une peau de banane.
4. Sur une peau de banane? Et il est ______________________?
5. Oui, et il s'est ______________________ la cheville.
6. Le ______________________ lui a mis un ______________________.
7. Il marche avec des ______________________.

Nom ____________________ Date ____________________

D **Un petit dictionnaire.** Quel est le mot?

1. Il y en a cinq sur chaque main. ____________________
2. Il y en a cinq sur chaque pied. ____________________
3. celui qui soigne les malades et aide les médecins ____________________
4. là où l'ambulance emmène le malade ____________________
5. ce que le médecin fait quand on se coupe sérieusement ____________________

E **Un formulaire.** Remplissez ce formulaire.

NOM ____________________

PRÉNOMS ____________________

ADRESSE

RUE ____________________

VILLE (AVEC CODE POSTAL)

____

ÂGE ____________________

SEXE ____________________

LIEU DE L'ACCIDENT ____________________

L'HEURE DE L'ACCIDENT ____________________

DESCRIPTION ____________________

____

____

____

Nom ______________________________ Date ______________________

F **Un(e) accidenté(e).** Dans un court paragraphe, décrivez l'accident de l'Exercice E en utilisant les renseignements que vous avez fournis (donnés).

____

____

____

____

____

Mots 2

G **Un petit dictionnaire.** Quel est le mot?

1. celui qui opère, qui fait des interventions chirurgicales ______________
2. le négatif d'une photo d'un os, fait par un radiologue ______________
3. le médecin qui remet les os en place ______________
4. le médecin qui fait une anesthésie pendant une opération ______________
5. une injection ______________
6. la pression du sang dans les artères ______________

Nom ______________________ Date ______________

STRUCTURE

Des pronoms interrogatifs et relatifs

A **Des questions!** Complétez avec *Qu'est-ce qui* ou *Qu'est-ce que*.

1. ______________________ se passe?
2. ______________________ est sur la table?
3. ______________________ vous avez?
4. ______________________ est arrivé?
5. ______________________ te fait mal?
6. ______________________ le médecin t'a dit?
7. ______________________ la radio a indiqué?
8. ______________________ il va faire?

B **Tu sais ce qu'il faut faire!** Complétez avec *ce qui* or *ce que*.

1. ________________ intéresse Paul, c'est le diagnostic.
2. Tu sais ________________ lui est arrivé, n'est-ce pas?
3. Il a compris ________________ le médecin lui a dit.
4. Mais ________________ m'inquiète, c'est que le médecin n'a pas pu lui dire exactement ________________ il a.

C **Encore des questions.** Faites des questions directes avec les phrases de l'Exercice B.

1. ______________________ intéresse Paul?
2. ______________________ lui est arrivé?
3. ______________________ il a compris?
4. ______________________ t'inquiète?
5. ______________________ il a?

Les verbes suivre *et* vivre

D **Les cours.** Donnez des réponses personnelles.

1. Tu suis combien de cours cette année?

____

2. Tu as suivi combien de cours l'année dernière?

____

3. Tu penses suivre combien de cours l'année prochaine?

____

4. Tu suis les mêmes cours que ton ami(e)?

____

5. Vous suivez toujours les mêmes cours?

____

E **On vit bien!** Complétez avec *vivre*.

1. Je ________________ en Europe en été.
2. Il ________________ à Miami en hiver.
3. Tu ________________ bien ici.
4. Les agriculteurs ________________ de la terre.
5. Vous avez ________________ en France?

Les pronoms avec l'impératif

F **Fais-le.** Répondez d'après le modèle.

Je veux acheter cette voiture.
Pas de problème. Achète-la.

1. Je veux acheter ce vélo.

____

2. Je veux acheter cette moto.

____

3. Je veux acheter cette décapotable.

____

4. Je veux acheter ces pneus.

____

5. Je veux acheter cette voiture de sport.

____

Nom ______________________________ Date ____________________

G **Ne le fais pas!** Récrivez les verbes de l'Exercice F à la forme négative.

1. ______________________________
2. ______________________________
3. ______________________________
4. ______________________________
5. ______________________________

H **Faites-le.** Répondez d'après le modèle.

Nous voulons regarder ce magazine.
Pas de problème. Regardez-le.

1. Nous voulons regarder ces photos.
____
2. Nous voulons lire ce journal.
____
3. Nous voulons écouter ces disques.
____
4. Nous voulons mettre cette télé.
____
5. Nous voulons écouter cette cassette.
____

I **Ne le faites pas.** Récrivez les verbes de l'Exercice H à la forme négative.

1. ______________________________
2. ______________________________
3. ______________________________
4. ______________________________
5. ______________________________

Nom ______________________ Date ______________

J **Faites-le.** Écrivez les phrases suivantes à la forme affirmative.

1. Ne me donnez pas votre livre. ______________
2. Ne me parlez pas. ______________
3. Ne m'écoutez pas. ______________
4. Ne me regardez pas. ______________
5. Ne vous levez pas. ______________
6. Ne vous dépêchez pas. ______________
7. Ne vous mettez pas à table. ______________
8. Ne vous couchez pas. ______________

K **Fais ce que tu veux.** Répondez d'après les modèles.

Je veux m'asseoir.	**Je ne veux pas m'asseoir.**
Assieds-toi alors.	***Alors, ne t'assieds pas!***

1. Je veux me lever.
____
2. Je veux m'habiller.
____
3. Je veux me raser.
____
4. Je veux me coucher de bonne heure.
____
5. Je ne veux pas me raser.
____
6. Je ne veux pas me dépêcher.
____
7. Je ne veux pas me laver les cheveux.
____
8. Je ne veux pas m'asseoir.
____

Nom ________________________________ Date ______________________

Mieux / Meilleur

L **À mon avis.** Pour chaque personne ou chose, faites une phrase d'après le modèle.

meilleur / voiture
À mon avis, la Rolls-Royce est la meilleure voiture.

1. le meilleur film ________________________________
2. le meilleur acteur ________________________________
3. la meilleure actrice ________________________________
4. le meilleur livre ________________________________
5. le meilleur auteur ________________________________
6. le pire film ________________________________
7. le pire acteur ________________________________
8. la pire actrice ________________________________
9. le pire livre ________________________________
10. le pire auteur ________________________________

M **Mon copain et moi.** Complétez avec *meilleur(e)(s)* ou *mieux.*

1. Je skie bien mais mon copain skie ____________ que moi. C'est le ____________ skieur de tous mes amis.
2. La ____________ élève de la classe, c'est Danièle. Elle parle français ____________ que tous les autres élèves.
3. Je chante bien mais mes cousins chantent ____________ que moi. Ce sont les ____________ chanteurs du lycée.
4. Martine et Sylvie jouent ____________ que Christine. Ce sont les ____________ joueuses de l'équipe de tennis.

Nom ______________________________ Date ______________________

UN PEU PLUS

A **Santé à cœur.** Lisez cette publicité pour l'organisation *Santé à Cœur.*

AGISSEZ AUJOURD'HUI

VOUS FUMEZ TROP... ET VOUS LE SAVEZ...

COMBIEN DE FOIS VOUS ÊTES-VOUS DÉJÀ DIT :
"DEMAIN J'ARRÊTE"
ET PUIS REPRIS DANS VOTRE VIE DE TOUS LES JOURS...
VOUS FUMEZ TOUJOURS...

NOUS AVONS CRÉÉ SANTÉ À COEUR, SON ÉQUIPE DE PROFESSIONNELS ET **SON PROGRAMME SPÉCIFIQUE POUR VOUS AIDER...** CAR NOUS LE SAVONS BIEN : **BIEN S'ARRÊTER DE FUMER : CE N'EST PAS ÉVIDENT.** MAIS LA DÉCISION, C'EST À VOUS DE LA PRENDRE... LE RESTE NOUS LE FERONS ENSEMBLE ET NOUS RÉUSSIRONS. VOUS ÊTES DÉCIDÉS ?

ALORS APPELEZ TOUT DE SUITE LE **47 66 59 49** POSTE : **52**
BRAVO UN VÉRITABLE PASSEPORT POUR LA FORME VOUS ATTEND.

NE REMETTEZ PAS VOTRE DÉCISION À PLUS TARD

B **Vous avez compris?** Que fait Santé à Cœur? Expliquez brièvement.

____

____

____

____

Nom ______________________ Date ______________________

C **Un volet de facturation.** Lisez ce volet de facturation qu'on remplit quand on veut être remboursé d'un médicament, par exemple.

cerfa

N° 60-3677

VOLET DE FACTURATION
DU PHARMACIEN OU DU FOURNISSEUR

RENSEIGNEMENTS CONCERNANT L'ASSURÉ(E) (1)

NUMÉRO D'IMMATRICULATION

NOM-Prénom (suivi s'il y a lieu du nom d'époux)

ADRESSE

CODE POSTAL

SITUATION DE L'ASSURÉ(E) A LA DATE DES SOINS

- ☐ ACTIVITÉ SALARIÉE ou arrêt de travail
- ☐ ACTIVITÉ NON SALARIÉE
- ☐ SANS EMPLOI ▶ Date de cessation d'activité :
- ☐ PENSIONNÉ(E)
- ☐ AUTRE CAS ▶ lequel :

RENSEIGNEMENTS CONCERNANT LE MALADE (1)

- S'agit-il d'un accident ? OUI ☐ NON ☐ Date de cet accident :
- Si le malade est PENSIONNÉ DE GUERRE et si les soins concernent l'affection pour laquelle il est pensionné, cocher cette case ☐

SI LE MALADE N'EST PAS L'ASSURÉ(E)

- NOM
- Prénom Date de Naissance
- LIEN avec l'assuré(e) : ☐ Conjoint ☐ Enfant ☐ Autre membre de la famille ☐ Personne vivant maritalement avec l'assuré(e)
- Exerce-t-il habituellement une activité professionnelle ou est-il titulaire d'une pension ? OUI ☐ NON ☐

MODE DE REMBOURSEMENT (1)

☐ VIREMENT A UN COMPTE POSTAL, BANCAIRE OU DE CAISSE D'ÉPARGNE
Lors de la **première** demande de remboursement par virement à un compte postal, bancaire, ou de caisse d'épargne ou en cas de **changement de compte,** joindre le **relevé d'identité** correspondant.

☐ Autre mode de paiement

(1) Mettre une croix dans la case de la réponse exacte

J'atteste, sur l'honneur, l'exactitude des renseignements portés ci-dessus.

"LA LOI REND PASSIBLE D'AMENDE ET/OU D'EMPRISONNEMENT QUICONQUE SE REND COUPABLE DE FRAUDES OU DE FAUSSES DÉCLARATIONS (articles L 377-1 du Code de la Sécurité Sociale, 1047 du Code Rural, 150 du Code Pénal)."

Signature de l'assuré(e) ▶

s 3115 c

fabrègue s.a. saint-yrieix - limoges - paris

CNAMTS - 01-89

D **Les mots pour le dire.** Trouvez les équivalents français d'après le volet de facturation.

1. insured person ______________________
2. date of treatment ______________________
3. the patient ______________________
4. check the box ______________________
5. method of reimbursement ______________________
6. signature of the insured ______________________

Nom ______________________ Date ______________________

E Jouons le jeu. Jouez ce jeu, tiré du magazine *Top Santé.*

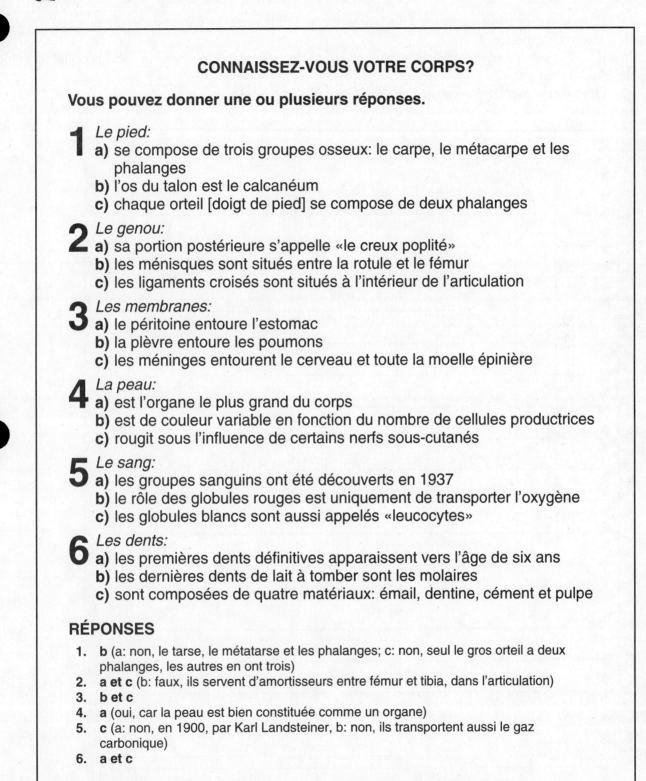

CONNAISSEZ-VOUS VOTRE CORPS?

Vous pouvez donner une ou plusieurs réponses.

1 *Le pied:*
a) se compose de trois groupes osseux: le carpe, le métacarpe et les phalanges
b) l'os du talon est le calcanéum
c) chaque orteil [doigt de pied] se compose de deux phalanges

2 *Le genou:*
a) sa portion postérieure s'appelle «le creux poplité»
b) les ménisques sont situés entre la rotule et le fémur
c) les ligaments croisés sont situés à l'intérieur de l'articulation

3 *Les membranes:*
a) le péritoine entoure l'estomac
b) la plèvre entoure les poumons
c) les méninges entourent le cerveau et toute la moelle épinière

4 *La peau:*
a) est l'organe le plus grand du corps
b) est de couleur variable en fonction du nombre de cellules productrices
c) rougit sous l'influence de certains nerfs sous-cutanés

5 *Le sang:*
a) les groupes sanguins ont été découverts en 1937
b) le rôle des globules rouges est uniquement de transporter l'oxygène
c) les globules blancs sont aussi appelés «leucocytes»

6 *Les dents:*
a) les premières dents définitives apparaissent vers l'âge de six ans
b) les dernières dents de lait à tomber sont les molaires
c) sont composées de quatre matériaux: émail, dentine, cément et pulpe

RÉPONSES

1. **b** (a: non, le tarse, le métatarse et les phalanges; c: non, seul le gros orteil a deux phalanges, les autres en ont trois)
2. **a et c** (b: faux, ils servent d'amortisseurs entre fémur et tibia, dans l'articulation)
3. **b et c**
4. **a** (oui, car la peau est bien constituée comme un organe)
5. **c** (a: non, en 1900, par Karl Landsteiner, b: non, ils transportent aussi le gaz carbonique)
6. **a et c**

Nom ____________________ Date ____________________

MON AUTOBIOGRAPHIE

Have you ever had an accident? If so, describe it. Tell if you ever had to go to the hospital. Describe your experience.

If you've never had an accident or never been to the hospital, describe your local hospital to the best of your ability.

Does your town have a first aid squad? If so, tell something about it.

Mon autobiographie

Nom ______________________ Date ______________________

CHAPITRE
7
DE LA MARTINIQUE À PARIS EN AVION

VOCABULAIRE

Mots 1

A **Qu'est-ce que c'est?** Identifiez.

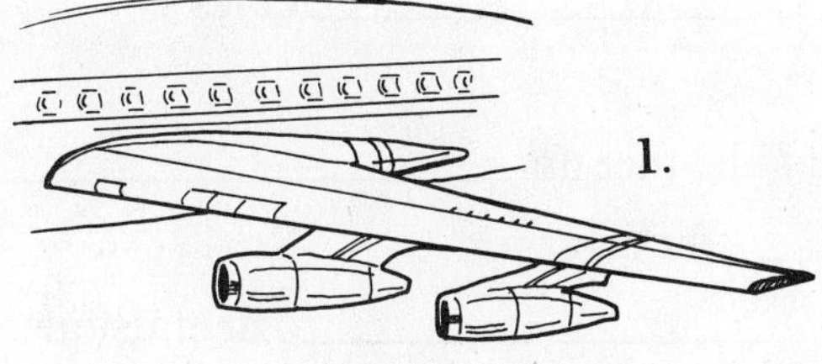
1.

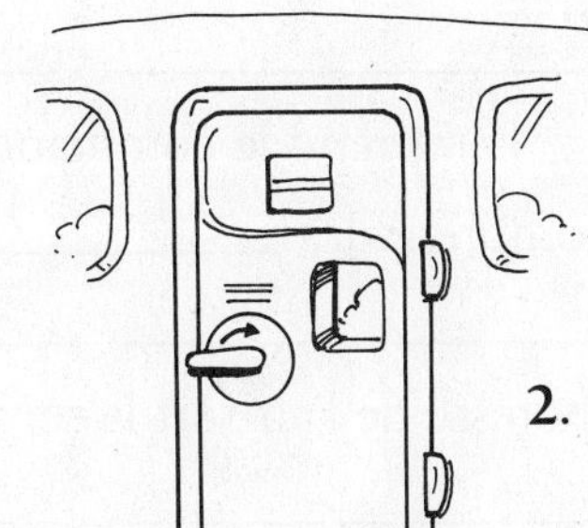
2.

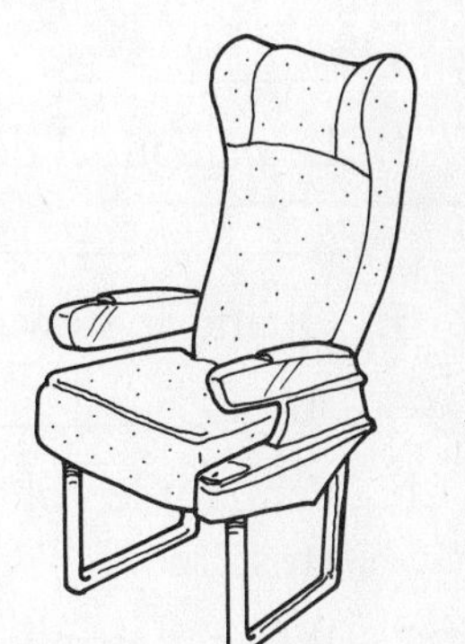
3.

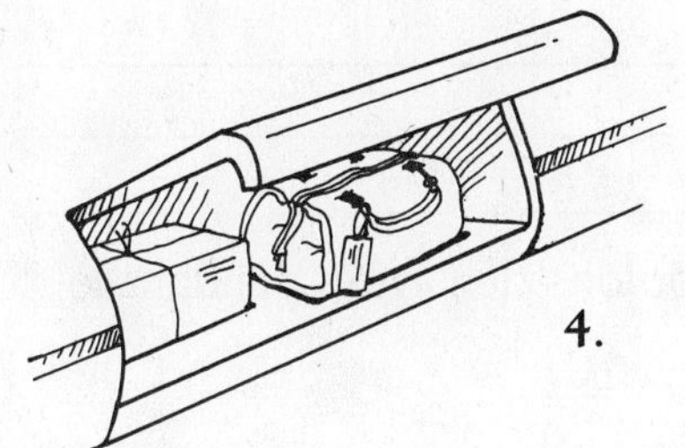
4.

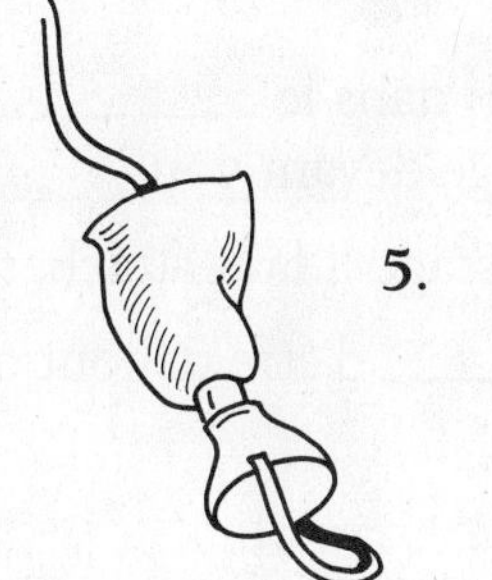
5.

6.

1. ______________________
2. ______________________
3. ______________________
4. ______________________
5. ______________________
6. ______________________

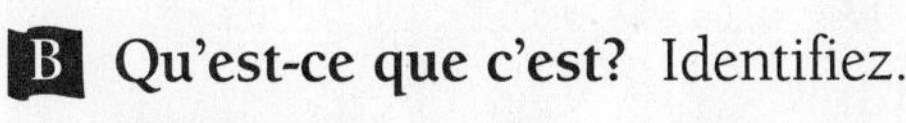

B **Qu'est-ce que c'est?** Identifiez.

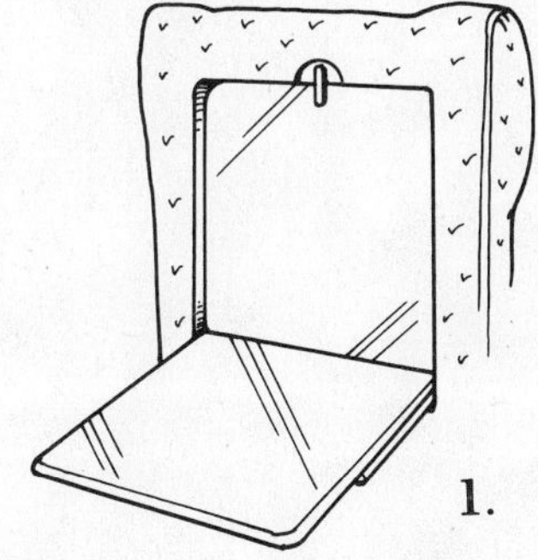
1.

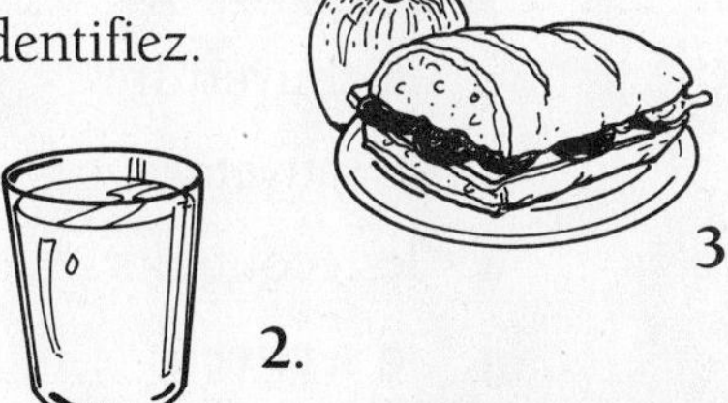
2.
3.

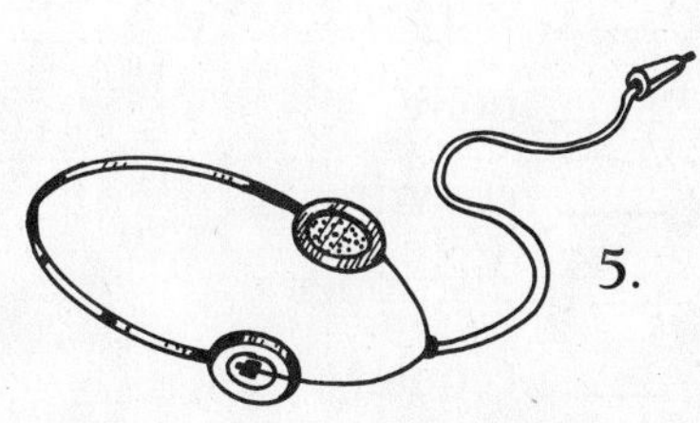
5.

4.

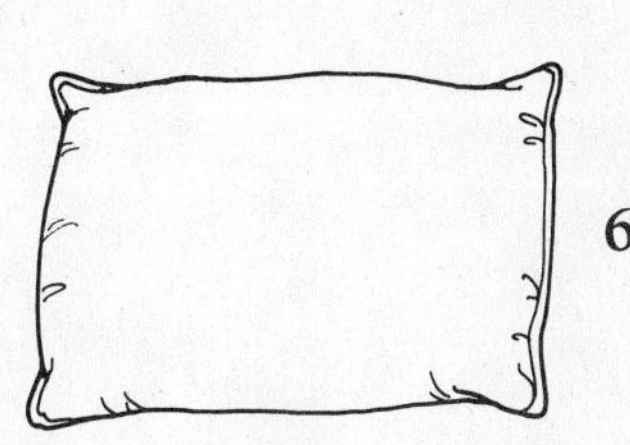
6.

1. ______________________
2. ______________________
3. ______________________
4. ______________________
5. ______________________
6. ______________________

Nom ________________________________ Date ________________________

C **À bord.** Complétez.

1. Dans les jumbo jets qui font des vols intercontinentaux il y a trois ________________ de service.
2. Les trois classes de service sont ________________________________, ________________________ et ________________________.
3. ________________ comprend le commandant de bord et le personnel de bord.
4. Le personnel de bord comprend les ________________________ et les ________________________.
5. Quand le steward ou l'hôtesse de l'air sert le repas, il / elle met un ________________ sur la ________________________ du passager.
6. Pendant le vol on passe un film et on offre plusieurs ________________ de musique en stéréo.
7. Il faut mettre les bagages à main dans le ________________________________ ou les placer en-dessous du siège devant vous.
8. Pendant le décollage et l'atterrissage il faut attacher sa ________________________.
9. Il est ________________ d'être debout dans les couloirs de l'avion pendant le décollage et l'atterrissage.

D **Familles de mots.** Choisissez.

1. ____ commander	a. le décollage
2. ____ servir	b. le vol
3. ____ décoller	c. la distribution
4. ____ atterrir	d. la boisson
5. ____ voler	e. le commandant
6. ____ sauver	f. l'atterrissage
7. ____ boire	g. la couverture
8. ____ couvrir	h. le sauvetage
9. ____ distribuer	i. les écouteurs
10. ____ écouter	j. le service

Nom ______________________________ Date ______________________

Mots 2

E **Qu'est-ce que c'est?** Identifiez.

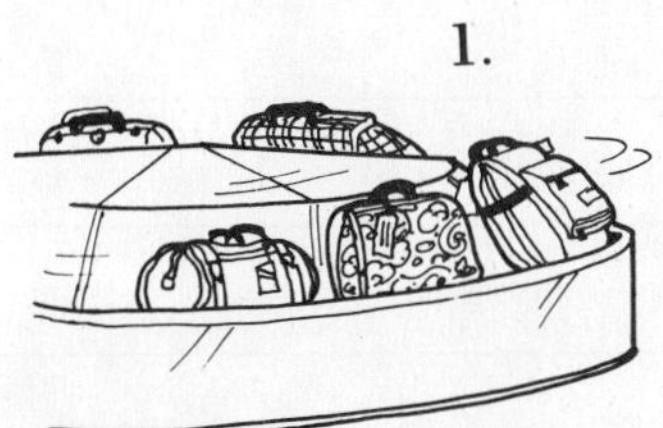
1.

2.

3.

4.

5.

1. ______________________________
2. ______________________________
3. ______________________________
4. ______________________________
5. ______________________________

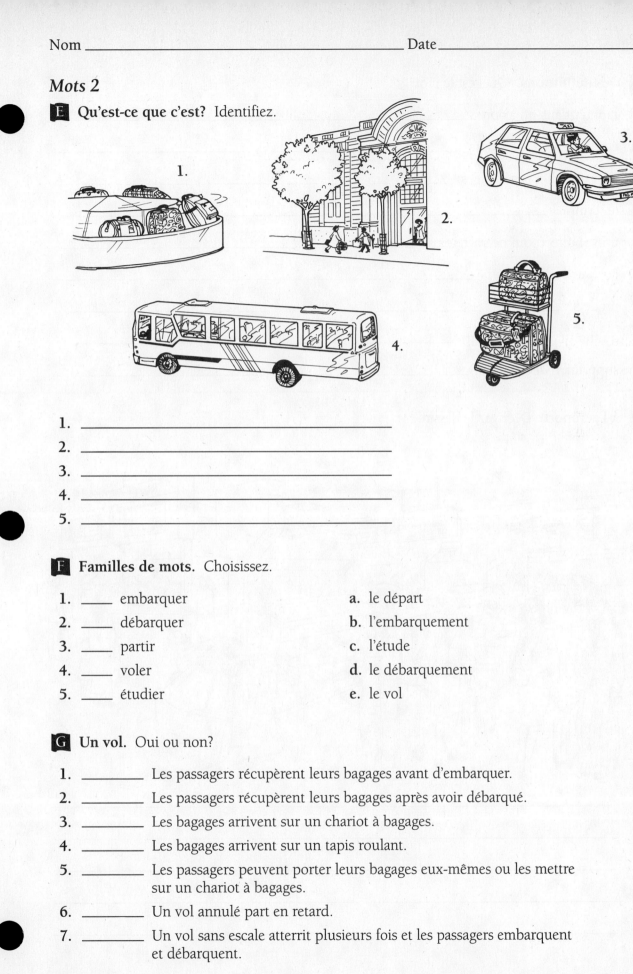

F **Familles de mots.** Choisissez.

1. ____ embarquer
2. ____ débarquer
3. ____ partir
4. ____ voler
5. ____ étudier

a. le départ
b. l'embarquement
c. l'étude
d. le débarquement
e. le vol

G **Un vol.** Oui ou non?

1. ________ Les passagers récupèrent leurs bagages avant d'embarquer.
2. ________ Les passagers récupèrent leurs bagages après avoir débarqué.
3. ________ Les bagages arrivent sur un chariot à bagages.
4. ________ Les bagages arrivent sur un tapis roulant.
5. ________ Les passagers peuvent porter leurs bagages eux-mêmes ou les mettre sur un chariot à bagages.
6. ________ Un vol annulé part en retard.
7. ________ Un vol sans escale atterrit plusieurs fois et les passagers embarquent et débarquent.

Nom ______________________ Date ______________

H **Des définitions.** Quel est le mot?

1. monter dans un avion ______________________
2. étudier, suivre des cours ______________________
3. aller chercher ses bagages ______________________
4. le terminal ______________________
5. un vol direct, qui ne s'arrête pas ______________________
6. le contraire de «court» ______________________
7. un délai ______________________
8. quitter un avion, un train ______________________
9. supprimer, déclarer nul ______________________

I **À l'aéroport.** Décrivez le dessin.

____

____

____

____

____

Nom ______________________________ Date ______________________________

J **À bord.** Décrivez le dessin.

____

____

____

____

____

____

____

____

____

____

Nom ______________________________ Date ______________________

STRUCTURE

Le futur des verbes réguliers

A **La semaine prochaine.** Récrivez au futur.

1. Mes amis voyagent.

____

2. Ils prennent l'avion à la Martinique.

____

3. Je les accompagne.

____

4. Pendant le vol le personnel de bord nous sert une collation et une boisson.

____

____

5. Nous débarquons à Fort-de-France.

____

6. Nous prenons un taxi à l'hôtel.

____

7. Je passe beaucoup de temps à la plage.

____

8. Mes copains et moi, nous nageons dans la mer des Caraïbes.

____

9. Je dîne dans un restaurant antillais.

____

10. Je choisis toujours des plats créoles.

____

Nom ______________________ Date ______________

B **En classe!** Complétez au futur.

1. Je ______________ toujours français en classe. (parler)
2. Je ______________ à toutes les questions du prof. (répondre)
3. Tous les élèves ______________ leurs devoirs. (finir)
4. Nous ______________ tous des notes. (prendre)
5. Vous ______________ un rapport. (écrire)
6. Après les cours, mon amie m'______________ devant l'école. (attendre)

Les verbes être, faire *et* aller *au futur*

C **Raoul.** Complétez au futur avec *être, faire* ou *aller.*

1. Raoul ______________ en France où il ______________ ses études à l'université de Paris.
2. Il ______________ des études universitaires.
3. Raoul ______________ reçu à l'examen.
4. Il ______________ diplômé en médecine.
5. Quand il rentrera à la Martinique, il ______________ médecin.

D **Au marché.** Récrivez au futur.

1. Je fais les courses.

____

2. Je vais au marché.

____

3. Je fais mes courses au marché de la rue Mouffetard.

____

4. Tu fais les courses aussi?

____

5. Où vas-tu pour faire les courses?

____

6. Je suis au marché à neuf heures du matin.

____

Nom ______________________________ Date ______________________

Deux pronoms dans la même phrase

E **Un très bon vol.** Récrivez les phrases en remplaçant les mots en italique par des pronoms.

1. Le personnel de bord me servira *le repas.*

   ____

2. Le steward me donnera *la couverture.*

   ____

3. L'hôtesse de l'air nous distribuera *les écouteurs.*

   ____

4. Le steward nous lira *les instructions de sécurité* au haut-parleur.

   ____

F **Un cadeau.** Répondez en remplaçant les mots en italique par des pronoms.

1. Qui t'a donné *le téléphone sans fil*?

   ____

2. Qui t'a acheté *les cassettes*?

   ____

3. Qui t'a apporté *les cadeaux*?

   ____

4. Qui t'a montré *la photo*?

   ____

Nom ______________________________ Date ______________

UN PEU PLUS

A **La Martinique et la Guadeloupe.** Lisez.

La Martinique, une île de la mer des Caraïbes, a été colonisée par les Français à partir de 1635. La Martinique et l'île voisine de la Guadeloupe sont devenues des colonies françaises.

Victor Schœlcher, un homme politique français né à Paris, a servi comme député de la Martinique et de la Guadeloupe au dix-neuvième siècle. C'est Schœlcher qui a préparé le décret d'abolition de l'esclavage dans les colonies françaises en 1848.

La Martinique et la Guadeloupe sont restées des colonies françaises jusqu'en 1946, année où elles sont devenues des départements d'outre-mer. Chaque île est représentée par trois députés et deux sénateurs à l'Assemblée Nationale à Paris.

Beaucoup de Martiniquais et de Guadeloupéens vivent des cultures de la canne à sucre[1], des bananes et des ananas[2]. Malheureusement, les deux îles souffrent de la surpopulation. Plus de cinquante pour cent de la population martiniquaise et guadeloupéenne a moins de vingt ans. Par conséquent il y a une importante émigration vers la France métropolitaine. Les jeunes gens quittent leur île et vont chercher du travail en France.

[1] canne à sucre *sugar cane*
[2] ananas *pineapples*

B **Avez-vous compris?** Répondez aux questions d'après la lecture.

1. Où se trouvent la Martinique et la Guadeloupe? ______________________________
2. Quand est-ce que la France a aboli l'esclavage dans ses colonies? ______________
3. Qui a préparé le décret d'abolition? ______________________________
4. Quand est-ce que la Martinique et la Guadeloupe sont devenues des départements d'outre-mer? ______________________________
5. De quoi souffrent les deux îles? ______________________________
6. Pourquoi y a-t-il une émigration vers la France métropolitaine?

____

____

C L'invitation au voyage. Lisez ce dépliant d'Air Inter.

EVASIONS
PAYEZ MOINS POUR PARTIR PLUS

EVASION loisirs
E 279 12345678 P 01
05/02/91 04/02/92
MR JEAN DENIS BONNET
AIR INTER AIR FRANCE

EVASION
279 20978471 P 01
05/03/91 04/03/92
MR JEAN DENIS BONNET
AIR INTER PLEIN CIEL

LA CARTE DE L'EVASION A PETITS PRIX

Elle ne coûte que 660 F par an et vous permet de vous évader à tarifs réduits pendant un an, autant de fois que vous en avez envie, (un ou deux voyages suffisent pour amortir une carte).

LA CARTE DES EVASIONS PLEIN CIEL

Pour 1700 F par an, la Carte Évasion Plein Ciel vous offre tous les avantages de la Formule Plein Ciel : réservation facilitée, comptoir d'enregistrement spécial, voyage dans la partie avant de l'appareil, boissons gratuites pendant le vol.

Nom ______________________ Date ______________________

D Avez-vous compris? Répondez aux questions d'après l'Exercice C.

1. Combien coûte la carte Évasion?

____

2. Qu'est-ce qu'on peut faire avec cette carte?

____

____

____

____

3. Combien coûte la carte Évasion Plein Ciel?

____

4. Quels sont les avantages de cette carte?

____

____

____

____

____

____

____

E En français. Donnez l'équivalent français.

1. pay less to travel more ______________________
2. reduced prices ______________________
3. free beverages ______________________

Nom ____________________ Date ____________________

F **J'aime le Canada.** Pour entrer dans un pays étranger, il faut remplir une déclaration de douane. Regardez cette déclaration de douane canadienne.

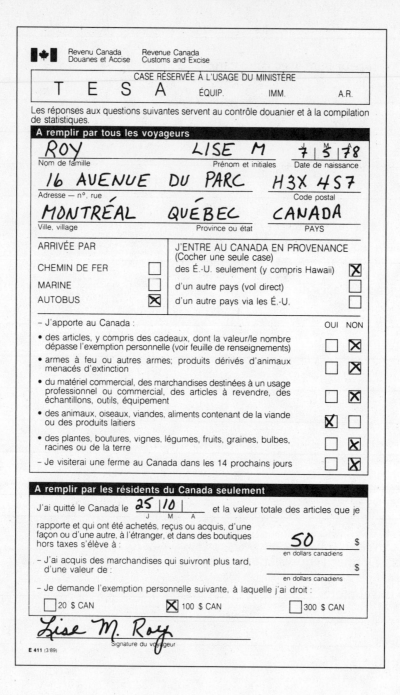

Revenu Canada Douanes et Accise — Revenue Canada Customs and Excise

CASE RÉSERVÉE À L'USAGE DU MINISTÈRE
T E S A ÉQUIP. IMM. A.R.

Les réponses aux questions suivantes servent au contrôle douanier et à la compilation de statistiques.

A remplir par tous les voyageurs

ROY	LISE M	7 | 5 | 78
Nom de famille	Prénom et initiales	Date de naissance (J M A)

16 AVENUE DU PARC	H3X 4S7
Adresse — nº. rue	Code postal

MONTRÉAL	QUÉBEC	CANADA
Ville, village	Province ou état	PAYS

ARRIVÉE PAR		J'ENTRE AU CANADA EN PROVENANCE (Cocher une seule case)	
CHEMIN DE FER	☐	des É.-U. seulement (y compris Hawaii)	☒
MARINE	☐	d'un autre pays (vol direct)	☐
AUTOBUS	☒	d'un autre pays via les É.-U.	☐

– J'apporte au Canada :	OUI	NON
• des articles, y compris des cadeaux, dont la valeur/le nombre dépasse l'exemption personnelle (voir feuille de renseignements)	☐	☒
• armes à feu ou autres armes; produits dérivés d'animaux menacés d'extinction	☐	☒
• du matériel commercial, des marchandises destinées à un usage professionnel ou commercial, des articles à revendre, des échantillons, outils, équipement	☐	☒
• des animaux, oiseaux, viandes, aliments contenant de la viande ou des produits laitiers	☒	☐
• des plantes, boutures, vignes, légumes, fruits, graines, bulbes, racines ou de la terre	☐	☒
– Je visiterai une ferme au Canada dans les 14 prochains jours	☐	☒

A remplir par les résidents du Canada seulement

J'ai quitté le Canada le 25 | 10 | (J M A) et la valeur totale des articles que je rapporte et qui ont été achetés, reçus ou acquis, d'une façon ou d'une autre, à l'étranger, et dans des boutiques hors taxes s'élève à : 50 $ (en dollars canadiens)

– J'ai acquis des marchandises qui suivront plus tard, d'une valeur de : ______ $ (en dollars canadiens)

– Je demande l'exemption personnelle suivante, à laquelle j'ai droit :

☐ 20 $ CAN ☒ 100 $ CAN ☐ 300 $ CAN

Lise M. Roy
Signature du voyageur

E 411 (3/89)

Nom ____________________ Date ____________________

G **La déclaration de douane.** Répondez aux questions d'après la déclaration de douane de l'Exercice F.

1. Qui a rempli la déclaration de douane?

____

2. Comment est-elle arrivée au Canada?

____

3. Elle est entrée au Canada en provenance de quel pays?

____

4. Qu'est-ce qu'elle a apporté au Canada?

____

____

5. Elle est de quelle nationalité?

____

6. Quand est-ce qu'elle est partie?

____

Nom ______________________________ Date ______________________

MON AUTOBIOGRAPHIE

Write about a trip of your dreams to a tropical isle. Describe the trip that you want to take someday. Tell how you'll get there and what you'll do once you're there. If you have any particular place in mind, describe it.

Mon autobiographie

Nom ________________________________ Date ____________________

CHAPITRE

8 EN ROUTE

VOCABULAIRE

Mots 1

A **Sur la route.** Identifiez.

1.

2.

3.

6.

4.

5.

7.

8.

Qu'est-ce que c'est?

1. ________________________________

2. ________________________________

3. ________________________________

Qui est-ce?

4. ________________________________

5. ________________________________

Qu'est-ce qu'il fait?

6. ________________________________

7. ________________________________

8. ________________________________

Nom ______________________ Date ______________________

B **Des définitions.** Quel est le mot?

1. celui qui conduit une voiture ______________________
2. là où il y a toujours des embouteillages ______________________
3. là où les automobilistes paient le péage sur l'autoroute ______________________
4. les heures où il y a beaucoup de circulation ______________________
5. le contraire d'accélérer ______________________
6. ce qu'il faut avoir pour pouvoir conduire une voiture ______________________
7. aller vite sur l'autoroute ______________________
8. ce que porte le motard qui surveille les autoroutes ______________________
9. ce qui indique la limitation de vitesse, par exemple ______________________
10. une route qui entoure une ville ______________________

C **La conduite.** Complétez.

1. Il faut ______________________ la limitation de vitesse.
2. Il faut ______________________ quand on arrive à un croisement.
3. L'automobiliste qui reçoit une contravention paiera une ______________________.
4. Quand on veut doubler une autre voiture, d'abord on regarde, puis on ______________________.
5. Il faut payer un ______________________ sur beaucoup d'autoroutes.
6. Un ______________________ indique où se trouvent les rues d'une ville.
7. Une ______________________ est une sorte de petite maison sur des roues.
8. Si un automobiliste roule trop vite le gendarme lui donnera une ______________________.
9. Quand il y a beaucoup de circulation il y a de longues ______________ de voitures.
10. Le motard ne surveille pas l'autoroute en voiture. Il la surveille à ______________.

Mots 2

D **Qu'est-ce que c'est?** Identifiez.

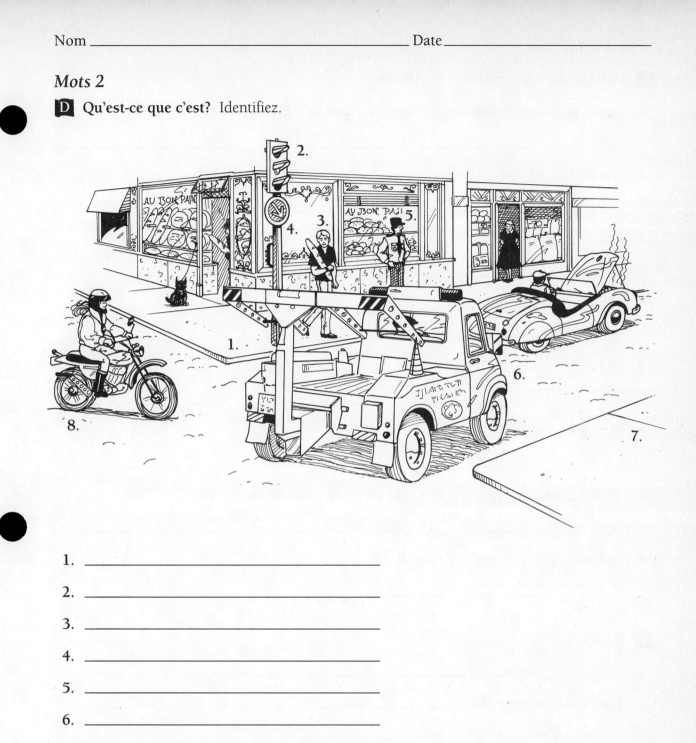

1. ______________________________
2. ______________________________
3. ______________________________
4. ______________________________
5. ______________________________
6. ______________________________
7. ______________________________
8. ______________________________

Nom ______________________ Date ______________________

E **Notre école.** Donnez des réponses personnelles.

1. Quelle est la salle de classe à côté de votre classe de français?

____

2. Qui est toujours debout devant la classe?

____

3. Qui est assis devant vous?

____

4. Qui est assis derrière vous?

____

5. Qui est à votre gauche?

____

6. Qui est à votre droite?

____

7. Si vous quittez votre école et que vous allez tout droit, où arrivez-vous?

____

8. Qu'est-ce qu'il y a en face de votre école?

____

F **Dans la rue.** Complétez.

1. Les piétons marchent sur ______________________.
2. Les piétons traversent la rue ______________________.
3. Les piétons traversent la rue quand ______________________.
4. Les voitures s'arrêtent quand ______________________.
5. On va dans le mauvais sens. Il faut ______________________.
6. Il y a beaucoup de circulation. Les rues du centre-ville sont ______________________.
7. La dépanneuse est arrivée parce qu'une voiture ______________________.

STRUCTURE

Le futur des verbes irréguliers

A **Quel est le chemin?** Récrivez les phrases au futur.

1. Je ne sais pas comment y aller.

   ____

2. Je peux demander mon chemin à quelqu'un.

   ____

3. L'agent de police vient m'aider.

   ____

4. Il me dit ce que je peux faire.

   ____

5. Je vois un panneau.

   ____

B **Et nous!** Mettez vos réponses pour l'Exercice A au pluriel.

1. ______________________________
2. ______________________________
3. ______________________________
4. ______________________________
5. ______________________________

Nom ______________________________ Date ____________________

C **Une fête.** Complétez au futur.

1. Tu ____________________ une fête? (avoir)
2. Oui. Tu ____________________? (venir)
3. Je ne sais pas si je ____________________ venir. (pouvoir)
4. Tu m'____________________? (inviter)
5. Bien sûr que je t'____________________! (inviter)
6. Je t'____________________ une invitation. (envoyer)
7. J'____________________ des invitations à tous mes amis. (envoyer)
8. Je les ____________________ demain et ils les ____________________ jeudi ou vendredi. (envoyer, recevoir)
9. Ils ____________________ tous venir. (vouloir)
10. Oui, et ils ____________________ s'ils sont libres. (venir)

Le futur après quand

D **Vous le ferez quand vous le ferez.** Récrivez les phrases au futur.

1. Vous lui avez donné son cadeau quand vous l'avez vu.

   ____

2. Elle est partie quand ils sont arrivés.

   ____

3. Il est sorti de l'autoroute quand il a vu le bouchon devant lui.

   ____

4. Vous avez mis la télévision quand le premier ministre a fait sa conférence.

   ____

5. Vous vous êtes arrêté(e) quand vous êtes arrivé(e) au feu rouge.

   ____

6. Quand le feu a changé, les piétons ont traversé la rue.

   ____

7. Il a ralenti quand il est arrivé au carrefour.

   ____

8. J'ai passé mon permis de conduire quand j'avais seize ans.

   ____

Nom ______________________________ Date ______________________

Deux pronoms dans la même phrase: le, la, les *avec* lui, leur

E **Quoi à qui?** Récrivez les phrases en remplaçant les mots en italique par des pronoms.

1. J'ai donné *le plan de la ville à mon amie.*

____

2. J'ai donné *la carte routière à mon ami.*

____

3. J'ai envoyé *mon adresse à Julie.*

____

4. Le motard a donné *la contravention à l'automobiliste.*

____

5. Les piétons ont demandé *leur chemin aux agents de police.*

____

6. Stéphanie a donné *les guides à ses amis.*

____

La formation des adverbes

F **Quel adverbe?** Complétez avec un adverbe qui correspond à l'adjectif en italique.

1. Les hôtesses de l'air sont très *polies.* Elles parlent ______________________ aux passagers.
2. Ce vol est un vol *direct.* L'avion va ______________________ à Nice.
3. Il est *vrai* que le service à bord de cet avion est excellent. Le service est ______________________ excellent.
4. Il y a des vols *fréquents.* Les avions partent ______________________.
5. Il fait un travail *sérieux.* Il travaille ______________________.
6. Elle est *prudente* quand elle conduit. Elle conduit ______________________.
7. Il a une prononciation *parfaite.* Il prononce ______________________.

Nom ______________________________ Date ______________________

UN PEU PLUS

A **Les jeunes au volant.** Lisez cette publicité et répondez à la question suivante.

Jean-Louis SIMON

Maître en Droit

(Route de Super M)

37, Avenue Jean-Jaurès

78390 BOIS D'ARCY

ASSURANCE AUTO

JEUNES

CONDUCTEURS - CONDUCTRICES

(moins de 25 ans)

BENEFICIEZ DU TARIF FAMILLE !

- **PAS DE MAJORATION** JEUNE PERMIS
- **REPRISE TOTALE (ou partielle) DU BONUS** DU VEHICULE DU PERE OU DE LA MERE
- **PAS DE FRANCHISE** JEUNE PERMIS

RENSEIGNEZ-VOUS

✆ 34.60.60.33

OUVERT DU LUNDI AU SAMEDI JUSQU'A 20 HEURES

Siren : 341 280 568 LASER COPY : (1) 34.61.63.75 RC 338 978 729 NE PAS JETER SUR LA VOIE PUBLIQUE SVP

Qu'est-ce que Jean-Louis Simon offre? ______________________________

____

____

Nom ________________________ Date ________________

B **Elf à votre service.** Lisez cette publicité et répondez aux questions suivantes.

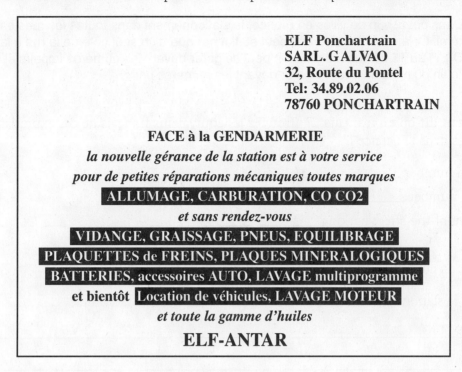

ELF Ponchartrain
SARL. G ALVAO
32, Route du Pontel
Tel: 34.89.02.06
78760 PONCHARTRAIN

FACE à la GENDARMERIE
la nouvelle gérance de la station est à votre service
pour de petites réparations mécaniques toutes marques
ALLUMAGE, CARBURATION, CO CO2
et sans rendez-vous
VIDANGE, GRAISSAGE, PNEUS, EQUILIBRAGE
PLAQUETTES de FREINS, PLAQUES MINERALOGIQUES
BATTERIES, accessoires AUTO, LAVAGE multiprogramme
et bientôt Location de véhicules, LAVAGE MOTEUR
et toute la gamme d'huiles
ELF-ANTAR

1. La station-service Elf se trouve dans quelle ville? ________________
2. Qu'est-ce qu'il y a en face de la station-service? ________________
3. Qu'est-ce qu'on fait dans cette station-service?

____

____

____

____

____

____

C **Comment dit-on?** Donnez l'équivalent français des mots suivants.

1. a lube job ________________
2. tire balancing ________________
3. a carwash ________________
4. brake pads ________________
5. car rental ________________

Nom ________________________________ Date ____________________

D **Le stationnement unilatéral.** Lisez.

Dans beaucoup de villes en France, le stationnement dans toutes les rues est unilatéral. Cela veut dire qu'on ne peut stationner que d'un seul côté de la rue à la fois. Du 1er au 15 de chaque mois on peut se garer devant les numéros impairs et du 16 à la fin du mois on peut se garer devant les numéros pairs.

E **Comment dit-on en français...?** Trouvez les équivalents français de ces expressions anglaises dans l'Exercice D.

1. an even number ____________________
2. an odd number ____________________
3. one-side-of-the-street parking ____________________

F **Avez-vous compris?** Répondez d'après l'Exercice D.

1. Quand le stationnement est unilatéral où est-ce qu'on peut stationner?

   ____

   ____

2. 2, 4, 6, 8, ce sont des numéros pairs ou impairs?

   ____

3. Le 3 mars, il est interdit de se garer devant le 17 rue d'Alésia?

   ____

   ____

4. Le 30 octobre vous garez votre voiture devant le 123 Boulevard St. Germain. Est-ce que la contractuelle va vous donner une contravention?

   ____

Nom ______________________________ Date ____________________

MON AUTOBIOGRAPHIE

If you're a driver, tell where you prefer to drive—in the city or on the highway—and why. If you're not a driver, describe what you think it's like to drive through your town or city. Describe a nearby highway.

Mon autobiographie

Nom ______________________ Date ______________________

SELF-TEST 2

A Complétez les phrases d'après les dessins.

1. En janvier, Marie-Laure avait une ______________________.
2. En février, elle avait une ______________________ et une ______________________.
3. En mars, elle avait les cheveux ______________________ et ______________________.
4. En avril, elle avait les cheveux ______________________.
5. Finalement, en mai, elle s'est fait couper les cheveux tout ______________________.

B Pour chaque produit de beauté, donnez la partie du corps associée d'après le modèle.

la laque ***les cheveux***

1. le mascara ______________________
2. le vernis ______________________
3. le shampooing ______________________
4. la crème ______________________
5. le rouge ______________________

C Qu'est-ce que le médecin va vous faire?

1. Vous vous êtes cassé le bras.
   Il va me mettre un ______________________.
2. Vous vous êtes coupé le front.
   Il va me faire des ______________________.

Nom ____ Date ______________________________

3. Vous avez une toute petite blessure au doigt.
   Il va me mettre un ______________________________.
4. Vous vous êtes foulé la cheville.
   Il va me donner des ______________________________ pour marcher.
5. Vous avez des allergies.
   Il va me prescrire des ______________________________ ou il va me faire une ______________________________.

D Remplacez les mots en italique par des mots plus logiques.

1. Dans l'avion, Patrick met *ses valises* dans le coffre à bagages.
   ____
2. Patrick veut dormir confortablement pendant le vol. Il demande *un gilet de sauvetage et un masque à oxygène.* ______________________________
3. Il récupère ses bagages sur *les ailes de l'avion.*
   ____
4. *La classe affaires* comprend le pilote et le personnel de bord.
   ____

E Complétez.

1. Avant de quitter l'autoroute, on paie le péage au ______________________________.
2. L'automobiliste est perdu. Il consulte sa ______________________________.
3. Les piétons traversent la rue quand le ______________________________ change.
4. Les piétons marchent sur le ______________________________.
5. La route est très, très encombrée. Quel ______________________________!

F Trouvez le contraire.

1. ____ la bretelle d'accès	a. le boulevard périphérique
2. ____ ralentir	b. rester en file
3. ____ à gauche	c. accélérer
4. ____ la rue du centre-ville	d. la sortie
5. ____ changer de voie	e. à droite

Nom ______________________ Date ______________________

G Complétez les phrases avec une forme de *suivre* ou *vivre*.

1. Mon oncle ______________ aux États-Unis.
2. Sa famille et lui ______________ bien.
3. Mon chien ______________ ma mère partout.
4. Tu ______________ cette voiture trop près.
5. Nous ______________ dans des temps modernes.
6. Les élèves ______________ des cours intéressants.

H Mettez au pluriel.

1. un travail international ______________
2. un cheveu blanc ______________
3. un journal local ______________
4. un beau château ______________
5. un parc national ______________

I Complétez les phrases avec des adverbes d'après les indications.

1. L'automobiliste conduit ______________. (rapide)
2. Cette coiffure est ______________ chic. (vrai)
3. ______________, ce produit de beauté est le meilleur. (évident)
4. Mais c'est ______________ faux! (complet)
5. Ces étrangers parlent ______________ le français. (courant)

J Complétez les phrases avec *qu'est-ce qui*, *qu'est-ce que*, *ce qui* ou *ce que*.

1. ______________ il veut?
2. Je ne sais pas ______________ il veut.
3. Vous achetez ______________ vous intéresse?
4. ______________ est arrivé à Jacques?
5. Nous voulons manger ______________ le chef prépare.

Nom ______________________________ Date ______________________

K Complétez les mini-conversations avec une forme de *lequel* et la forme de *celui-là* qui correspond.

1. —Vous voulez acheter ce nouveau parfum?
   —______________________________?
   —______________________________.
2. —Je vais choisir des produits de beauté.
   —______________________________?
   —______________________________.
3. —Je vais consulter une de ces cartes routières.
   —______________________________?
   —______________________________.
4. —Mets ces valises à la consigne.
   —______________________________?
   —______________________________.
5. —______________________________ de ces autoroutes préfères-tu prendre?
   —______________________________.

L Écrivez deux phrases originales avec *depuis*.

____

____

____

____

M Complétez au futur.

1. Les malades ______________________ à la salle des urgences. (aller)
2. Qu'est-ce que tu ______________________ en vacances? (faire)
3. Nous ______________________ beaucoup de choses à la Martinique. (voir)
4. L'agent ______________________ t'indiquer le chemin. (savoir)
5. J'______________________ le colis par avion. (envoyer)
6. Vous ______________________ nous voir l'année prochaine, n'est-ce pas? (venir)

Nom ______________________ Date ______________

N Récrivez les phrases au futur.

1. Je vais à Paris quand j'ai un week-end libre.

____

2. La coiffeuse me met des rouleaux quand elle me fait une mise-en-plis.

____

____

3. Les médecins donnent des piqûres quand les infirmières ne peuvent pas le faire.

____

____

O Répondez en remplaçant les mots en italique par des pronoms.

1. Ton médecin t'explique toujours *tes symptômes*?

____

2. Il te donne *les médicaments nécessaires*?

____

3. Il t'a montré *les effets de la maladie*?

____

P Remplacez les mots en italique par des pronoms.

1. Le steward montre *leur place aux passagers*

____

2. Il a donné *les boissons aux enfants*.

____

3. L'hôtesse de l'air apportera *son repas au pilote*.

____

4. Le steward distribue *les écouteurs à la fille*.

____

5. L'hôtesse de l'air donne *la couverture au petit garçon*.

____

Nom ______________________ Date ______________________

Q Récrivez les phrases à la forme négative.

1. Parle-moi maintenant!

____

2. Couche-toi de bonne heure.

____

3. Expliquez-moi ce problème de maths.

____

4. Levez-vous immédiatement.

____

5. Prépare-moi ce repas, s'il te plaît.

____

6. Habillons-nous vite!

____

R Choisissez la meilleure réponse.

1. Les coiffeurs coupent les cheveux des clients avec ____.
   - **a.** des rouleaux
   - **b.** des ciseaux
   - **c.** des béquilles

2. On appelle police secours ____.
   - **a.** quand il y a eu un accident
   - **b.** quand un vol est annulé
   - **c.** quand on a envie de téléphoner

3. Les points de suture, c'est pour ____
   - **a.** les jambes cassées
   - **b.** la fièvre
   - **c.** les blessures

4. Vous cherchez le tapis roulant?
   - **a.** Oui, je me suis foulé la cheville.
   - **b.** Oui, je voudrais récupérer mes bagages.
   - **c.** Non, je vais prendre un taxi.

5. La dépanneuse est arrivée. Pourquoi?
   - **a.** Une voiture est tombée en panne.
   - **b.** Un passager s'est tordu le genou.
   - **c.** La cliente a voulu une mise-en plis.

Answers appear on page 192.

Nom ________________________________ Date ____________________

CHAPITRE

9 LA TEINTURERIE ET LA LAVERIE AUTOMATIQUE

VOCABULAIRE

Mots 1

A **Le linge.** Vrai ou faux?

1. ________ On lave le linge propre.
2. ________ Le linge sale s'appelle aussi la lessive.
3. ________ On ne peut jamais laver les chemises. Il faut toujours les faire nettoyer à sec.
4. ________ On va à la teinturerie pour le nettoyage à sec.
5. ________ Quand on lave un pantalon, on met de l'amidon dans la machine à laver.
6. ________ Si un vêtement est très chiffonné, on doit le repasser.
7. ________ On sèche le linge dans une machine à laver.
8. ________ Beaucoup de pulls rétrécissent quand on les lave à la machine.
9. ________ Il faut plier le linge après l'avoir lavé et séché.

Mots 2

B **Le garçon.** Identifiez tout ce que le garçon porte.

____

____

____

____

____

C **La fille.** Identifiez tout ce que la fille porte.

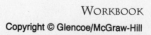

Nom ________________________________ Date ______________________

D Les vêtements. Écrivez une phrase pour décrire chaque dessin.

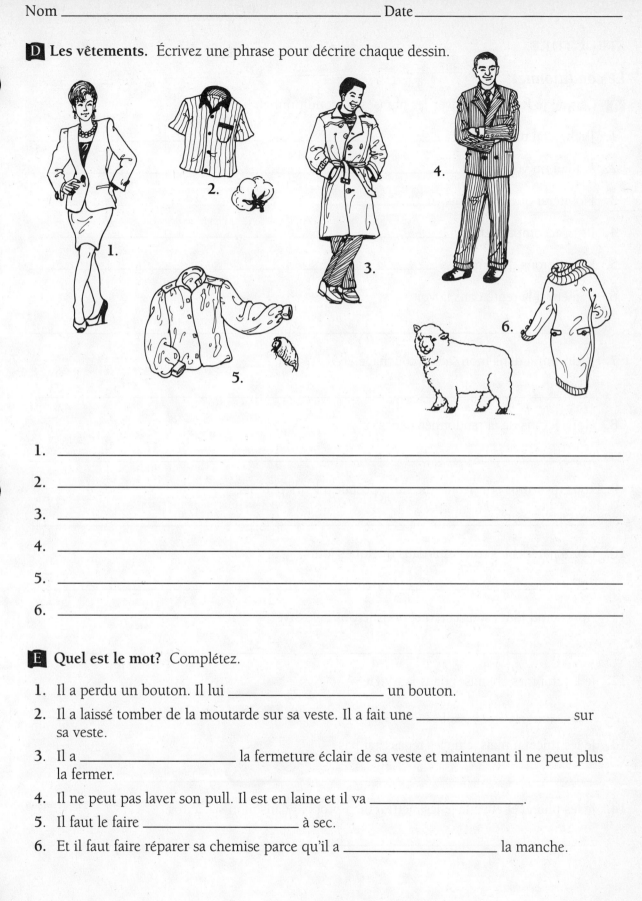

1. ____
2. ____
3. ____
4. ____
5. ____
6. ____

E Quel est le mot? Complétez.

1. Il a perdu un bouton. Il lui ____________________ un bouton.
2. Il a laissé tomber de la moutarde sur sa veste. Il a fait une ____________________ sur sa veste.
3. Il a ____________________ la fermeture éclair de sa veste et maintenant il ne peut plus la fermer.
4. Il ne peut pas laver son pull. Il est en laine et il va ____________________.
5. Il faut le faire ____________________ à sec.
6. Et il faut faire réparer sa chemise parce qu'il a ____________________ la manche.

Nom ______________________ Date ______________________

STRUCTURE

Le conditionnel

A Ce que je ferais. Récrivez les phrases au conditionnel.

1. J'achèterai une voiture. ______________________
2. Je ferai un voyage. ______________________
3. J'inviterai quelques amis. ______________________
4. Ils m'accompagneront. ______________________
5. Nous ferons du camping. ______________________
6. Je mettrai la tente dans la voiture.
____
7. Je dormirai dans mon sac de couchage.
____
8. Nous ferons de la randonnée pédestre.
____
9. Tous mes amis enverront une carte postale à leurs parents.
____
10. Leurs parents les recevront dans quelques jours.
____
11. Après cinq jours sous la tente, nous ferons la lessive.
____
12. Je laverai mes chemises dans la rivière.
____
13. Je les rincerai mais je ne les repasserai pas.
____
14. Je les plierai et ensuite je les mettrai bien propres dans mon sac à dos.
____

Nom ______________________________ Date ______________________

B **On ne peut pas.** Mettez les verbes entre parenthèses au conditionnel.

1. Je ______________________ (vouloir) bien y aller mais je ne peux pas.
2. Elle lui ______________________ (parler) mais elle ne peut pas.
3. Il ______________________ (aimer) finir demain mais il ne peut pas.
4. Ils ______________________ (venir) mais ils ne peuvent pas.
5. Nous le ______________________ (faire) mais nous ne pouvons pas.

Les propositions avec si

C **Qu'est-ce que vous ferez?** Donnez des réponses personnelles.

1. Qu'est-ce que vous ferez si vous avez «A» en français?

   ____

   ____

2. Qu'est-ce que vous ferez si quelqu'un vous donne cent dollars?

   ____

   ____

3. Qu'est-ce que vous ferez si vous visitez la France?

   ____

   ____

4. Qu'est-ce que vous ferez si vous allez à Paris?

   ____

   ____

5. Qu'est-ce que vous ferez si vous gagnez à la loterie?

   ____

   ____

Nom ____ Date ______________________________

D **Qu'est-ce que vous feriez?** Donnez des réponses personnelles.

1. Qu'est-ce que vous feriez si vous aviez «A» en français?

____

____

2. Qu'est-ce que vous feriez si quelqu'un vous donnait cent dollars?

____

____

3. Qu'est-ce que vous feriez si vous visitiez la France?

____

____

4. Qu'est-ce que vous feriez si vous alliez à Paris?

____

____

5. Qu'est-ce que vous feriez si vous gagniez à la loterie?

____

____

Faire *et un autre verbe*

E **Les nécessités de la vie.** Donnez des réponses personnelles.

1. Vos parents vous font étudier?

____

2. Ils vous font faire vos devoirs?

____

3. Votre mère vous fait mettre de côté un peu d'argent?

____

4. Elle vous fait mettre le couvert et faire la vaisselle?

____

5. Elle vous fait faire votre propre lit?

____

Nom ______________________________ Date ______________________

UN PEU PLUS

A Des laveries libre-service. Lisez.

Il y a à peu près dix ans le nettoyage à sec coûtait très cher en France—plus cher qu'ici aux États-Unis. Et il fallait attendre quelques jours avant de pouvoir récupérer les vêtements. Mais aujourd'hui il y a beaucoup de teintureries ou de pressings en France et le prix du nettoyage à sec est presque le même qu'aux États-Unis. Le service est aussi très rapide.

En France comme aux États-Unis il y a des laveries automatiques ou de libre-service. Dans ces laveries les clients lavent leur linge eux-mêmes et mettent des pièces dans les machines à laver ou dans les sèche-linge. Mais en France beaucoup de laveries ont des employés qui prennent le linge du client. Ce sont les employés qui le mettent dans la machine, le lavent et le plient.

Au Canada une laverie automatique s'appelle une launderette.

B Une laverie locale. Dans un court paragraphe, décrivez une laverie automatique près de chez vous.

____

____

____

____

C Flore. Lisez.

Flore, la fille de la *Lecture* dans ce chapitre, est une vraie naturaliste. Tout ce qui concerne la nature l'intéresse, même les proverbes qui parlent de la nature. Voici les proverbes favoris de Flore. Cherchez un équivalent anglais de chacun de ces proverbes.

Il n'y a pas de rose sans épines. ______________________

La belle plume fait le bel oiseau. ______________________

Il n'est pire eau que l'eau qui dort. ______________________

Nom ______________________ Date ______________________

D **Un naturaliste célèbre.** Lisez.

Jean-Jacques (John James) Audubon est célèbre aujourd'hui comme ornithologue et artiste. Il est né le 26 avril 1785, en Haïti. Sa mère, une créole haïtienne, est morte quand il avait quatre ans. Son père, un officier de marine français, l'a emmené alors à Nantes, où Jean-Jacques a passé sa jeunesse[1]. Très jeune il a appris à aimer la nature, surtout les oiseaux, et il a montré un talent pour le dessin.

En 1803 son père l'a envoyé à Mill Grove, près de Valley Forge en Pennsylvanie, pour s'occuper d'une de ses propriétés. Là il a rencontré sa future femme, Lucy Bakewell. Il l'a épousée[2] en 1808, et il est devenu américain. Audubon a passé toute sa vie à réaliser son ambition—peindre tous les oiseaux de l'Amérique du Nord! Au bout de[3] vingt-cinq ans, il a terminé les 435 aquarelles[4] qui seront publiées sous le titre «Oiseaux d'Amérique». Avant sa mort en 1851, il a peint[5] aussi 155 quadrupèdes d'Amérique du Nord. Ses deux fils ont continué son travail de naturaliste.

À la fin du siècle dernier aux États-Unis on a commencé à s'intéresser à la protection des oiseaux. On a donc formé en 1904 la Société Nationale Audubon. C'est une des plus anciennes et plus grandes organisations pour la protection de la nature.

[1] jeunesse *childhood*
[2] il l'a épousée *he married her*
[3] Au bout de *At the end of, after*
[4] aquarelles *watercolors*
[5] il a peint *he painted*

E **Avez vous compris?** Répondez d'après la lecture.

1. Où est né Jean-Jacques Audubon? ______________________
2. Où a-t-il passé sa jeunesse? ______________________
3. Où est-il allé en 1803? ______________________
4. Qui a-t-il rencontré? ______________________
5. Qu'est-ce qu'il a peint? ______________________
____
6. Combien de fils a-t-il eus? ______________________
7. Qu'est-ce que la Société Nationale Audubon? ______________________
____

Nom ______________________ Date ______________________

MON AUTOBIOGRAPHIE

Write about your own clothes. Do you take good care of them or not? Do you do your own laundry or does someone else do it for you?

Describe the type of clothing you wear and tell if you have to go to the dry cleaner very often.

Mon autobiographie

Nom ______________________________ Date ______________________

CHAPITRE

10 LES TRANSPORTS EN COMMUN

VOCABULAIRE

Mots 1

A **Dans la station de métro.** Répondez d'après le dessin.

1. Où les voyageurs font-ils la queue?

____

2. Qu'est-ce qu'ils achètent au guichet?

____

3. Qu'est-ce qu'il y a à côté du guichet?

____

4. Comment s'appelle cette station?

____

5. Combien de lignes se croisent à cette station?

____

Nom ______________________ Date ______________________

B **Le métro.** Complétez.

1. Il y a dix tickets de métro dans un ______________.
2. On peut acheter des tickets au ______________ ou au ______________.
3. Les voyageurs attendent le métro sur le ______________.
4. Les voyageurs peuvent prendre ______________ dans une station où deux lignes se croisent.
5. On peut regarder le plan du métro parisien si l'on ne sait pas quelle ______________ prendre.

C **Quelle est l'expression?** Exprimez d'une autre façon.

1. un escalator ______________
2. un billet ______________
3. pardonnez-moi ______________
4. changer de ligne ______________

Mots 2

D **L'autobus.** Identifiez.

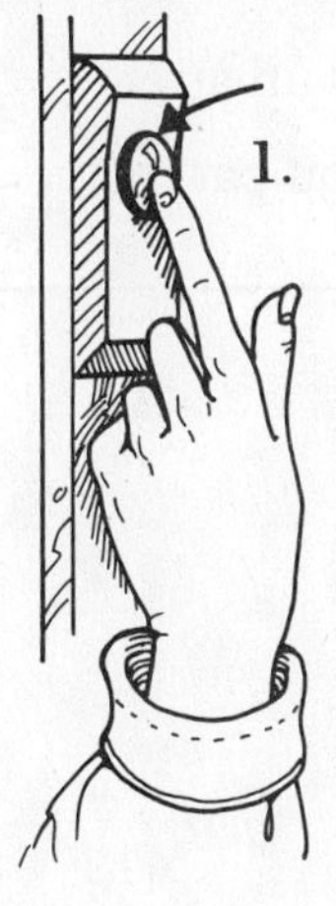

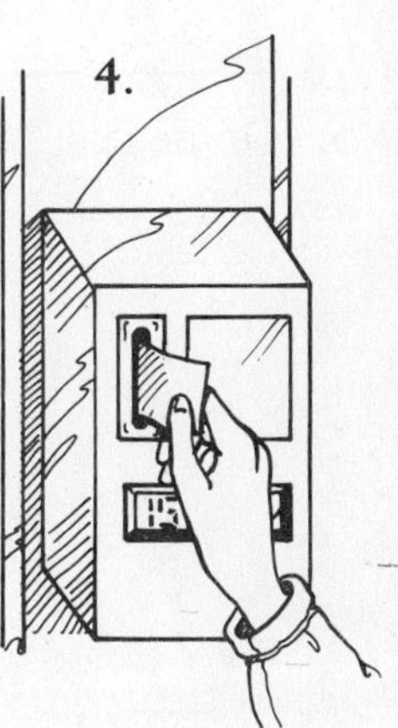

1. ______________
2. ______________
3. ______________
4. ______________

Nom ______________________________ Date ______________________

E **Des définitions.** Quel est le mot?

1. là où l'autobus s'arrête ______________________
2. celui qui conduit l'autobus ______________________
3. le dernier arrêt de l'autobus ______________________
4. le voyage que fait l'autobus d'un terminus à l'autre ______________________
5. le contraire de descendre ______________________

F **Verbes et noms.** Choisissez les mots qui correspondent.

1. ____ interdire	**a.** une poussée
2. ____ descendre	**b.** une demande
3. ____ arrêter	**c.** un arrêt
4. ____ demander	**d.** une descente
5. ____ pousser	**e.** une interdiction

G **Dans l'autobus.** Complétez.

1. ______________________ conduit l'autobus.
2. Il faut introduire son ticket dans ______________________ à l'avant de l'autobus pour ______________________ le ticket.
3. Il faut ______________________ sur un bouton pour demander un arrêt.
4. On peut descendre de l'autobus par ______________________ ou par ______________________, mais pas par ______________________.
5. On ne doit pas ______________________. Ce n'est pas poli.

Nom ______________________ Date ______________________

STRUCTURE

Le pronom en *avec des personnes*

A **Ma famille.** Donnez des réponses personnelles en employant des pronoms.

1. Tu as des cousins? Tu en as combien? ______________________
2. Tu as des sœurs ou des frères? Tu en as combien? ______________________
3. Tu as des amis? Tu en as beaucoup? ______________________
4. Tu parles souvent de tes amis? ______________________
5. Tu parles de tes cousins? ______________________
6. Tu as un cousin favori? Comment s'appelle-t-il? Tu parles souvent de ce cousin?

   ____

   ____
7. Tu as une cousine favorite? Comment s'appelle-t-elle? Tu parles souvent de cette cousine?

   ____

   ____

Un autre pronom avec y *ou* en

B **Combien?** Récrivez la deuxième phrase en employant *en*.

1. Il t'a donné combien de tickets? Il m'a donné deux tickets.

   ____
2. Et tu as donné combien de tickets à ton ami? Je lui ai donné un ticket.

   ____
3. Tes parents t'ont donné beaucoup d'argent? Ah oui, mes parents m'ont donné beaucoup d'argent.

   ____
4. Tu as donné combien de cadeaux à tes parents? Je leur ai donné plusieurs cadeaux.

   ____

Nom ______________________________ Date ______________________

Les questions

C **Renseignez-vous, s'il vous plaît.** Écrivez quatre questions sur chaque thème en utilisant toutes les façons de poser une question que vous avez apprises (*est-ce que*, l'inversion, etc.).

1. À la station de métro

   a. ______________________________

   b. ______________________________

   c. ______________________________

   d. ______________________________

2. À la gare

   a. ______________________________

   b. ______________________________

   c. ______________________________

   d. ______________________________

3. À la poste

   a. ______________________________

   b. ______________________________

   c. ______________________________

   d. ______________________________

4. À l'aéroport

   a. ______________________________

   b. ______________________________

   c. ______________________________

   d. ______________________________

5. À l'hôtel

   a. ______________________________

   b. ______________________________

   c. ______________________________

   d. ______________________________

(continued on next page)

Nom ______________________ Date ______________

6. À la banque

a. ______

b. ______

c. ______

d. ______

7. Au magasin

a. ______

b. ______

c. ______

d. ______

8. Au marché

a. ______

b. ______

c. ______

d. ______

Venir de

D **Pas possible!** Récrivez chaque phrase d'après le modèle.

Il va aller en France.
Pas possible! Il vient d'aller en France.

1. On va acheter une voiture.

______

2. Elle va faire un voyage.

______

3. Nous allons organiser une grande fête.

______

4. Ils vont arriver. ______

5. Ma mère va célébrer son anniversaire.

______

Nom ______________________________ Date ____________________

UN PEU PLUS

A **Vivre en banlieue.** Voici les résultats d'un sondage réalisé récemment en France.

Vivre en banlieue plutôt que dans le centre-ville, est-ce un avantage ou un inconvénient?	avantage	inconvenient	sans opinion
réponse des habitants du centre-ville	13%	68%	19%
réponse des banlieusards	56%	38%	6%
parisiens	86%	10%	4%
province	64%	29%	7%

Comment répondriez-vous à cette question?

____

____

B **J'aime la banlieue.** Voici les résultats d'autres sondages réalisés récemment.

Quels sont les avantages de la vie en banlieue?	
le calme	58%
on peut avoir un jardin	48%
la proximité de la campagne	34%
il y a moins de pollution, l'air est meilleur	32%
on peut avoir un logement plus vaste	20%
le prix moins élevé des logements	18%
les gens se connaissent mieux	17%
la possibilité de faire plus de sport	10%
aucun avantage	6%
Quels sont les inconvénients de la vie en banlieue?	
temps et argent perdus en transport	44%
éloignement des commerces, des équipements et des services	32%
manque de distractions, de spectacles	28%
difficulté de trouver un travail sur place	27%
problèmes de violence et d'insécurité	15%
l'isolement, on reçoit rarement des visites	14%
les gens se connaissent moins	9%
la laideur, la tristesse	7%
aucun inconvénient	16%

Nom ______________________________ Date ______________________

C **Le pour et le contre.** Répondez.

1. À votre avis, quels sont les avantages de la vie en banlieue?

____

____

2. Quels sont les inconvénients de la vie en banlieue?

____

____

3. Vous préférez vivre dans le centre-ville ou en banlieue? Pourquoi?

____

____

D **Là où je vis.** Vous vivez en banlieue ou dans le centre-ville? Décrivez votre village ou votre ville. Vous aimez y vivre? Qu'est-ce que vous considérez comme avantages? inconvénients?

____

____

____

____

____

____

____

____

____

____

____

____

____

____

Nom ______________________________ Date ____________________

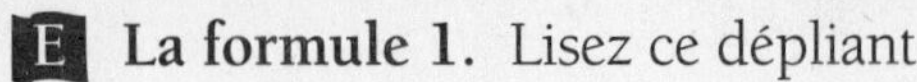

E **La formule 1.** Lisez ce dépliant.

UNE FORMULE POUR GAGNER DU TEMPS

Pour vos trajets entre les aéroports et Paris et pour circuler toute une journée dans la capitale et sa région, en échappant aux embouteillages, Formule 1 Aéroports vous libère de toute complication.

UNE FORMULE TOUT COMPRIS

Toute la journée, avec votre carte et un seul ticket, vous pouvez prendre autant de fois que vous le voulez, le RER, le métro, les autobus RATP et les trains SNCF Ile-de-France.
Votre ticket est valable en 2e classe dans les zones 1 à 4 et sur les dessertes d'Orly par Orly-Rail, Orlybus et de Roissy par Roissy-Rail et Bus 350 ou 351.

UNE FORMULE PRATIQUE

Votre carte nominative et votre ticket vous seront délivrés dans :
- les aéroports d'Orly et de Roissy,
- les *Relais* H des aéroports de Paris et de Province.
- les gares SNCF de Paris et la plupart des gares RER.

Ayez toujours avec vous votre carte et votre ticket.

RENSEIGNEMENTS
aux points de vente
sur minitel : 36-15 code RATP ou SNCF,
par téléphone : RATP (1) 43461414 – SNCF (1) 45825050.

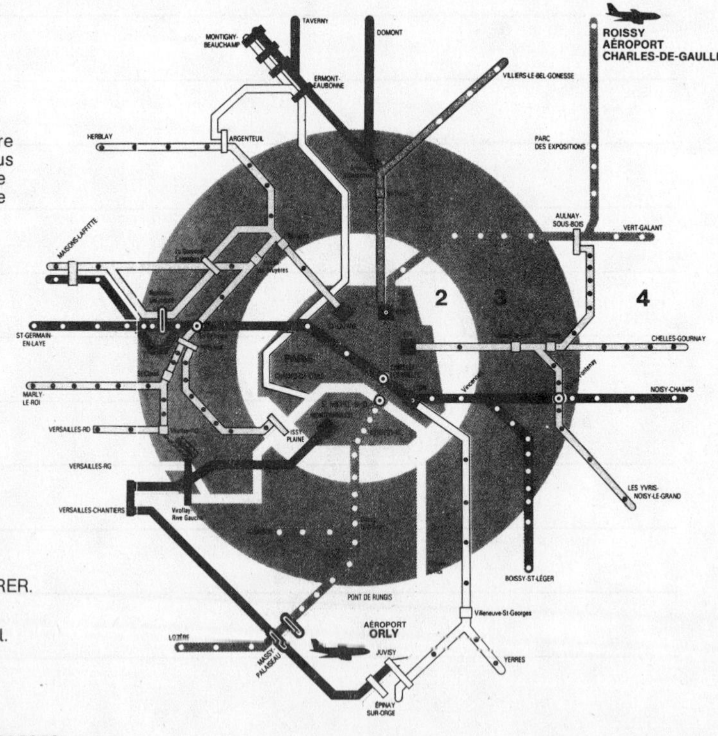

Nom _______________ Date _______________

F **Vous avez compris?** Répondez aux questions d'après le dépliant.

1. Vous pouvez utiliser la carte Formule 1 pour combien de temps?

____

____

2. Avec une carte Formule 1, vous pouvez prendre quels moyens de transport à Paris?

____

____

3. Vous voulez prendre le métro à 10 heures du matin, le bus à midi et le RER à sept heures du soir. Avec la carte Formule 1 votre ticket sera valable? _______________

4. Où peut-on obtenir une carte Formule 1?

____

____

____

____

____

____

5. Pour se renseigner, on peut taper quel numéro sur le Minitel?

____

Nom ______________________________ Date ______________________

MON AUTOBIOGRAPHIE

In your own words describe the public transportation system where you live. Is it good or not? What's your opinion?

Mon autobiographie

Nom ______________________ Date ______________________

CHAPITRE

11 LES FÊTES

VOCABULAIRE

Mots 1

A **Des instruments.** Faites une liste de cinq instruments musicaux.

1. ______________________
2. ______________________
3. ______________________
4. ______________________
5. ______________________

B **Des définitions.** Quel est le mot?

1. les personnes importantes ou célèbres ______________________
2. un orchestre militaire ______________________
3. ce qu'on tire le soir du 14 juillet ______________________
4. une marche de personnes, de voitures, etc. à la file ou en colonnes ______________________
5. un morceau de tissu rectangulaire qui est l'emblème de la nation ______________________
6. le premier officier municipal ______________________

C **La France et l'Amérique.** Répondez.

1. Le drapeau français est bleu, blanc et rouge. De quelles couleurs est le drapeau américain?

   ____

2. La fête nationale française est le 14 juillet. Quelle est la date de la fête nationale américaine?

   ____

3. L'hymne national français est «La Marseillaise». Quel est l'hymne national américain?

   ____

D **Des festivités.** Complétez.

1. Les ____________________ marchent dans le défilé militaire.
2. Les soldats ____________________ au pas.
3. Le défilé passe devant les ____________________ où les ____________________ de la ville le regardent.
4. Les enfants veulent se mettre au premier ____________________ pour bien voir.
5. La ____________________ joue l'hymne national.
6. Après, il faut que tout le monde ____________________.

E **Le soir du quatorze juillet.** Décrivez le dessin.

____

____

____

____

____

____

____

____

____

Nom ______________________________ Date ______________________

Mots 2

F **Des décorations.** Faites une liste des choses qu'on peut utiliser pour décorer une salle.

____

____

____

G **Qu'est-ce que c'est?** Identifiez.

1.

2.

3.

4.

5.

6.

7.

1. ______________________
2. ______________________
3. ______________________
4. ______________________
5. ______________________
6. ______________________
7. ______________________

Nom ______________________ Date ______________________

H **Des fêtes.** Répondez.

1. Qu'est-ce qu'on dit à tout le monde le 25 décembre?

____

2. Qu'est-ce qu'on dit à tout le monde le 31 décembre ou le 1er janvier?

____

3. Quel jour la messe de minuit a-t-elle lieu dans la religion catholique?

____

4. Qui apporte (distribue) les cadeaux de Noël aux enfants en France?

____

5. Où les petits enfants mettent-ils leurs souliers?

____

6. Qu'est-ce que Hanouka?

____

7. Combien de jours la fête de Hanouka dure-t-elle?

____

8. Qui allume les bougies de la menorah? Quand?

____

I **Le mariage.** Complétez.

1. La cérémonie religieuse a lieu ______________________.
2. Le ______________________ et la ______________________ échangent des ______________________ pendant la cérémonie de mariage.
3. La ______________________ aide la mariée.
4. Le ______________________ est souvent le meilleur ami du marié.

Nom ______________________ Date ______________________

STRUCTURE

Le subjonctif

A **Il faut que...** Récrivez avec *il faut*.

1. Je parle français. ______________________
2. Je finis le travail. ______________________
3. Je choisis ma place. ______________________
4. Je vends ma voiture. ______________________
5. J'attends mes amis. ______________________
6. Je lis la lettre. ______________________
7. Je mets le couvert. ______________________
8. Je pars. ______________________
9. Je fais le travail. ______________________
10. J'y vais. ______________________
11. Je suis à l'heure. ______________________
12. J'ai de la chance. ______________________

B **Il faut que...** Récrivez les phrases de l'Exercice A en changeant *je* en *vous*.

1. ______________________
2. ______________________
3. ______________________
4. ______________________
5. ______________________
6. ______________________
7. ______________________
8. ______________________
9. ______________________
10. ______________________
11. ______________________
12. ______________________

Nom ______________________ Date ______________

Le subjonctif avec les expressions impersonnelles

C **Les enfants.** Complétez.

1. Il est important que les enfants ________________ sages. (être)
2. Il est temps qu'ils ________________ une lettre au Père Noël. (écrire)
3. Il faut qu'ils lui ________________ ce qu'ils veulent pour Noël. (dire)
4. Il vaut mieux qu'ils ________________ leurs souliers devant la cheminée. (mettre)
5. Il est bon que les enfants ________________ quand le Père Noël arrive. (dormir)

D **L'enfant.** Récrivez les phrases de l'Exercice C en changeant *les enfants* en *l'enfant.*

1. ________________________________
2. ________________________________
3. ________________________________
4. ________________________________
5. ________________________________

E **Le Père Noël.** Complétez.

1. Est-il possible que le Père Noël ________________ toutes les lettres qu'il reçoit? (lire)
2. Il est impossible que le Père Noël ________________ tout son travail en 24 heures. (finir)
3. Il n'est pas juste qu'il ________________ le travail tout seul. (faire)
4. Il faut que quelqu'un ________________ là pour l'aider. (être)
5. Il est nécessaire que le Père Noël ________________ beaucoup de patience. (avoir)
6. Il faut qu'il ________________ vite d'une maison à l'autre. (aller)

F **Il faut que je le fasse.** Écrivez cinq choses qu'il faut que vous fassiez.

1. ________________________________
2. ________________________________
3. ________________________________
4. ________________________________
5. ________________________________

Nom ______________________________ Date ______________________

G **Il est possible que je le fasse.** Écrivez cinq choses qu'il est possible que vous fassiez.

1. ______________________________
2. ______________________________
3. ______________________________
4. ______________________________
5. ______________________________

H **Il est impossible que nous le fassions.** Écrivez cinq choses qu'il est impossible que vous et vos copains fassiez.

1. ______________________________
2. ______________________________
3. ______________________________
4. ______________________________
5. ______________________________

Les nombres au-dessus de 1.000

I **Je vous le donne en mille!** Écrivez les nombres en toutes lettres d'après les indications. Suivez le modèle.

J'ai payé ma voiture ***douze mille*** **dollars. (12.000)**

1. Il a acheté une vieille voiture pour ____________________ dollars. (4.000)
2. Je vais terminer mes études secondaires en ____________________. (2001)
3. Clinton a été élu président des États-Unis en ____________________ ____________________. (1992)
4. Cette ville a ____________________ d'habitants. (2.000.000)
5. Il disent que les gens ont mangé ____________________ de leurs hamburgers. (1.000.000)

UN PEU PLUS

A J'adore Noël. Voici de la publicité pour des choses qu'on voudrait peut-être acheter pour Noël.

A Fini les épines sur la moquette avec ce sapin de Noël artificiel. D'une qualité superbe, il restera toujours aussi beau année après année. Démontable, traité flamme retardante. 2 modèles. Livré avec pied. C'est une qualité Valeur Sûre.
haut. 1m40 824.8761 **199F**
haut. 2 m 824.8770 **379 F**

B Toute la magie de la lumière sur votre sapin grâce à cette guirlande électrique clignotante. Ampoules multicolores et transparentes avec réflecteur "diamant". Alimentation 220 V. 2 modèles.
30 ampoules 680.5426 **59 F**
50 ampoules 680.5434 **89 F**

C Faites la joie de vos enfants avec ce superbe habit de Père Noël. Long manteau pur coton. Livré avec ceinture, perruque et barbe.
680.7020 **249 F**

B Les cadeaux. Trouvez les équivalents français de ces expressions anglaises dans la publicité de l'Exercice A.

1. pine needles on the carpet ______________________
2. artificial Christmas tree ______________________
3. year after year ______________________
4. flame retardant ______________________
5. flickering string of lights ______________________
6. 30 bulbs ______________________
7. wig and beard ______________________

Nom ______________________________ Date ______________________

C **Saviez-vous que...?** Lisez ces deux paragraphes tirés du *Journal Français d'Amérique* et répondez aux questions suivantes.

NOUVEL AN ENTRE AMIS et Noël en famille, c'est l'arrangement que choisit la majorité des Français au moment des fêtes pour partager les plaisirs et satisfaire tout le monde. Le jour du nouvel an est, par contre, souvent consacré à un repas familial.

LE PREMIER SAPIN, présenté comme symbole—religieux et sacré—de Noël, le fut dans la ville de Strasbourg en 1605. Il était, paraît-il, décoré de roses artificielles, de pommes, de sucreries et de figurines peintes. En 1867, Napoléon III amena le premier sapin de Noël à Paris afin d'amuser son fils.

1. En quelle ville le premier sapin a-t-il été présenté en France?

____

2. En quelle année? ______________________________

3. De quoi était-il décoré?

____

____

4. Qui a amené le premier sapin de Noël à Paris?

____

5. Pourquoi? ______________________________

Nom ______________________________ Date ______________________

D **Les fêtes en France.** Lisez cet article tiré du *Journal Français d'Amérique* et répondez aux questions suivantes.

Les Français sur le vif

LES FRANÇAIS ET LES FÊTES

Les élèves français ont généralement deux semaines de vacances à Noël et une autre semaine, les vacances d'hiver, en février.

Les trois-quarts des Français établissent d'avance un budget spécial pour les fêtes de fin d'année. Le tiers d'entre eux avouent être amenés à le dépasser!

Les dépenses les plus lourdes sont représentées par les achats de jouets (38% pour Noël) ou de nourriture (37% pour le jour de l'An). Le poids des traditions pèse encore lourd sur le comportement des Français puisque 54% d'entre eux déclarent tenir absolument à voir figurer un ou plusieurs mets de tradition classique dans le menu de ces repas ou réveillons, tels que huîtres, foie gras, boudin blanc, bûche.

Les peluches (oursons, lapins et tous les autres animaux) restent le jouet privilégié, le cadeau le plus souvont offert aux petits en saison des fêtes.

Les Français envoient peu de cartes de Noël si on les compare aux Américains. Les cartes de vœux pour la Nouvelle Année s'envoient jusqu'à la fin janvier.

Pendant longtemps, le repas traditionnel de Noël comprenait une oie. De nos jours, la dinde est devenue la reine incontestée des repas des fêtes. La recette classique veut qu'elle soit farcie aux marrons.

Les douceurs telles que les fruits confits (Provence), les truffes ou autres chocolats et les marrons glacés font partie du décor gastronomique du temps des fêtes.

Parmi les chants de Noël les plus connus des Français: *Il est né le divin enfant, Les anges dans nos campagnes,* et *Belle nuit, sainte nuit*, ce dernier étant d'origine allemande.

1. Combien de semaines de vacances les élèves français ont-il en hiver?

____

2. Quand les Français achètent des cadeaux de Noël, quels jouets préfèrent-ils?

____

____

3. Si on les compare aux Américains, les Français envoient-ils beaucoup de cartes de Noël?

____

4. Comment est la dinde des repas traditionnels des fêtes?

____

5. Quel chant de Noël français est d'origine allemande?

____

Nom ______________________ Date ______________________

MON AUTOBIOGRAPHIE

We all have our favorite holidays. Which are yours? Describe them. Tell what you do and why you like these holidays. You may also include some family occasions you like.

Mon autobiographie

Nom ______________________________ Date ____________________

CHAPITRE

12 AU LYCÉE

VOCABULAIRE

Mots 1

A **Qu'est-ce que c'est?** Identifiez.

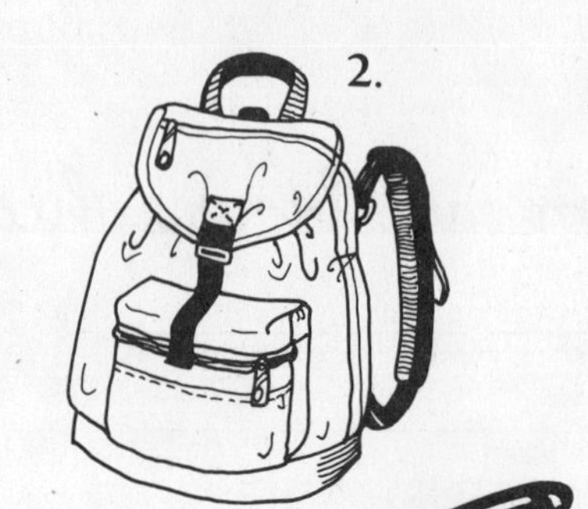

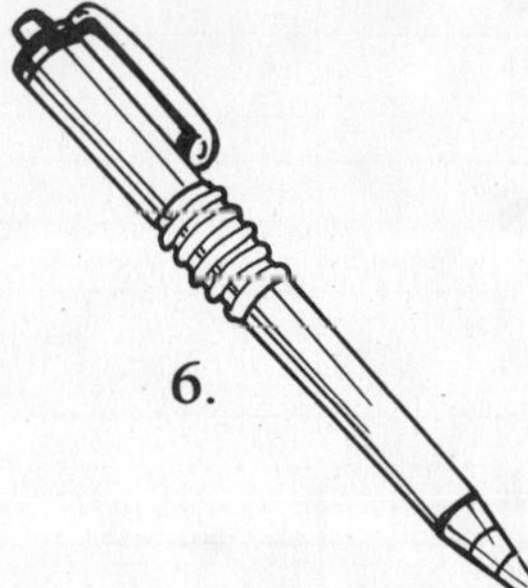

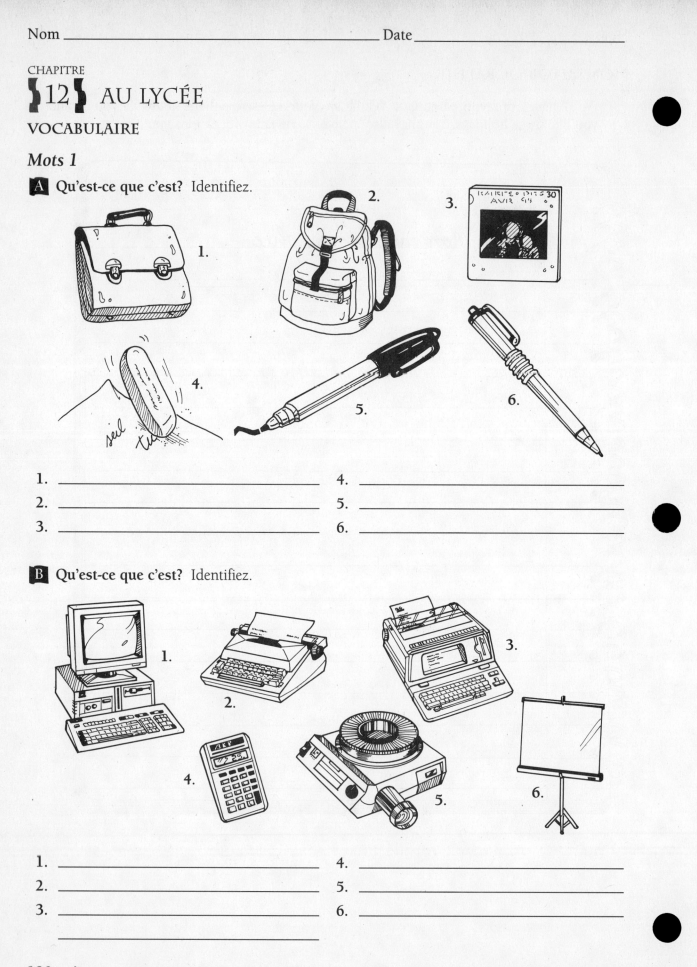

1. ______________________ 4. ______________________
2. ______________________ 5. ______________________
3. ______________________ 6. ______________________

B **Qu'est-ce que c'est?** Identifiez.

1. ______________________ 4. ______________________
2. ______________________ 5. ______________________
3. ______________________ 6. ______________________

____

Nom ______________________________ Date ______________________

C **Des devoirs.** Choisissez le dessin approprié.

1. _____ Elle tape à la machine.
2. _____ Il fait un exposé.
3. _____ Elle écrit avec un feutre.
4. _____ Il efface une faute.
5. _____ Elle fait une rédaction.
6. _____ Il se sert de l'encyclopédie pour faire des recherches.

D **Des définitions.** Quel est le mot?

1. demander, ordonner ______________________
2. terminer, compléter ______________________
3. une explication des faits ou des idées présentée par écrit ou oralement ______________________
4. une explication écrite, un rapport ______________________
5. une évaluation qu'un élève reçoit dans un cours ______________________
6. avoir un résultat satisfaisant dans un examen ______________________
7. ne pas réussir ______________________
8. ce qu'on fait pour exprimer sa joie ou quand on trouve quelque chose très, très amusant ______________________

Nom _______________ Date _______________

Mots 2

E Le lycée. Complétez.

1. Un élève d'un lycée français s'appelle un _______________.
2. Une élève d'un lycée s'appelle une _______________.
3. _______________ est une école secondaire en France.
4. En France les vacances d'été s'appellent les _______________.
5. La rentrée scolaire, c'est le jour où les _______________ recommencent.
6. C'est le _______________ qui aide les élèves à résoudre leurs problèmes.
7. Les élèves déjeunent à la _______________ du lycée.
8. Après le déjeuner les élèves se retrouvent dans la _______________ du lycée.
9. Les lycéens peuvent faire leurs devoirs dans la _______________.
   Le _______________ ou la _______________ assure que les élèves ne parlent pas.
10. _______________ travaille dans la bibliothèque de l'école.
11. Un autre mot ou terme qui veut dire «bibliothèque» est _______________
    _______________.
12. Pour enseigner la géographie le prof a besoin d'une _______________.
13. On joue au basket sur le _______________ et on joue au hand sur le _______________.
14. Dans notre lycée il y a un _______________ où les matchs de basket ont lieu.

Nom ______________________ Date ______________________

F **Qu'est-ce que c'est?** Identifiez.

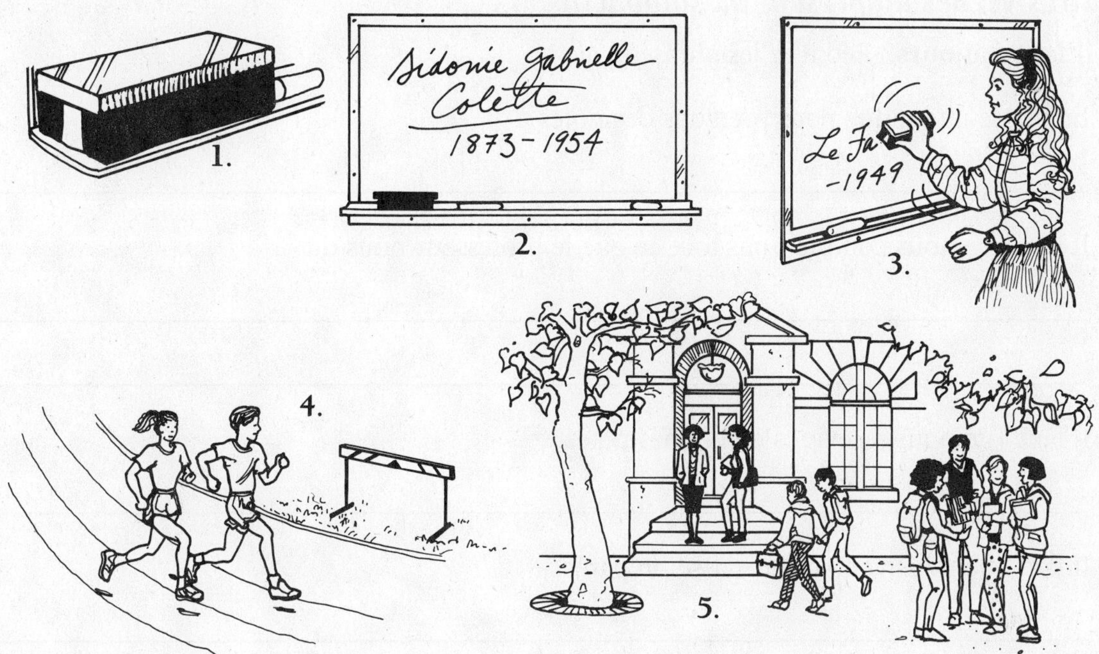

1. ______________________
2. ______________________
3. ______________________
4. ______________________
5. ______________________

G **Des définitions.** Quel est le mot?

1. celui ou celle qui donne des conseils aux lycéens

   ____
2. ce qu'on utilise pour effacer le tableau ______________________
3. le directeur d'un lycée ______________________
4. la cafétéria ______________________
5. celui qui surveille ______________________
6. pas obligatoire ______________________
7. un examen que les élèves français passent en dernière année de lycée

   ____

STRUCTURE

D'autres verbes au présent du subjonctif

A **Il faut toujours.** Récrivez les phrases avec *je*.

1. En classe il faut que nous prenions des notes.

____

2. Il faut que nous comprenions tout ce que le professeur nous dit.

____

____

3. Il faut que nous recevions de bonnes notes.

____

4. Il faut que nous venions en classe préparés.

____

5. Il faut nous voyions le tableau.

____

6. Il faut que nous apprenions nos leçons.

____

Le subjonctif avec des expressions de volonté

B **J'ai des choses à te dire.** Complétez.

1. Mon ami, je veux que tu _______________.
2. J'aimerais mieux que tu _______________.
3. Je préfère que tu _______________.
4. J'exige que tu _______________.
5. J'insiste pour que tu _______________.

Nom ______________________________ Date ______________________________

C **Soyons polis!** Récrivez les phrases de l'Exercice B en remplaçant *tu* par *vous*.

1. ______________________________
2. ______________________________
3. ______________________________
4. ______________________________
5. ______________________________

D **Les désirs de mes parents.** Complétez.

1. Mes parents veulent que je ______________. (réussir)
2. Ils veulent que tous leurs enfants ______________ du succès. (avoir)
3. Ils veulent que nous ______________ de bonnes notes. (recevoir)
4. Ils insistent pour que je ______________ tous mes devoirs et pour que je ______________ reçu(e) à tous mes examens et que je ______________ de bonnes notes. (faire, être, recevoir)
5. Ils exigent que nous ______________ toujours polis. (être)

L'infinitif ou le subjonctif

E **Qui va le faire?** Complétez.

1. Je veux sortir. Et je veux que tu ______________ avec moi.
2. Je veux ______________ à Jonathan. Et je veux que tu lui téléphones aussi.
3. Je préfère aller au café. Je préfère que tu y ______________ aussi.
4. Il aimerait mieux ______________ le train. Et je sais qu'il aimerait mieux que nous prenions le train aussi.
5. Ils veulent partir immédiatement. Et ils veulent que nous ______________ immédiatement aussi.

Nom _______________________ Date _______________

F **Ce que je veux faire.** Écrivez cinq choses que vous voulez faire.

1. Je veux _______________________
2. _______________________
3. _______________________
4. _______________________
5. _______________________

G **Ce que je veux qu'il fasse.** Écrivez cinq choses que vous voulez que quelqu'un d'autre fasse.

1. Je veux que _______________________
2. _______________________
3. _______________________
4. _______________________
5. _______________________

Les verbes rire *et* sourire

H **Quelle joie!** Complétez avec le verbe *rire*.

1. Je ______________.
2. Tu ______________.
3. Nous ______________ tous.
4. Vous ______________ toujours.
5. Il ______________.
6. Elle ______________.
7. Et tous leurs copains ______________. Ha, ha, ha!

Nom ______________________ Date ______________________

UN PEU PLUS

Au lycée. Lisez les renseignements suivants distribués aux parents des élèves d'un collège et d'un lycée parisiens et résumez-les en quelques phrases en anglais.

I Une sortie pédagogique

Le collège organise pour toutes les classes de 3ème une sortie pédagogique à Verdun en relation directe avec le programme d'histoire de ce début d'année. Le voyage aura lieu le 22 octobre et les élèves seront accompagnés par leurs professeurs. Rendez-vous le jour du départ à la gare de l'Est à 6 heures 40 précises du matin. Retour à cette même gare vers 20 heures 20 le soir. Les élèves se rendront seuls à la gare et rentreront seuls le soir. (Les parents peuvent bien sûr les accompagner pour ces trajets.)

____

____

____

____

____

____

____

II Assiduité

Tous les cours sont obligatoires. Aucune sortie n'est autorisée à l'intérieur des horaires de cours. *Toute sortie non autorisée sera considérée comme une faute très grave et pourra être sanctionnée par une exclusion temporaire. En Éducation Physique et Sportive (EPS) aucun élève ne doit quitter son groupe, en particulier sur les trajets.* En l'absence d'un professeur ou en cas de dispense d'EPS, les élèves se rendent en étude surveillée.

Tout enseignement «à option» choisi en début d'année devient obligatoire pour la durée de l'année scolaire sauf décision contraire du chef d'établissement sur proposition du conseil de classe.

____

____

____

____

____

____

____

Nom ______________________________ Date ______________________

III Retards

Les retards perturbent la classe et doivent donc être évités. *Tout retardataire doit se présenter au service de la vie scolaire muni de son carnet de correspondance; il sera envoyé en étude surveillée jusqu'au début de l'heure de cours suivante et sera tenu de rattraper le cours manqué.*

La vigilance des parents est également souhaitée pour le contrôle des retards; ils doivent signer le bulletin vert et savoir que les retards répétés ou non justifiés entraîneront des punitions.

____

____

____

____

IV Le carnet de correspondance

Il apporte à l'élève et à sa famille des indications importantes sur la vie scolaire; emploi du temps, liste et noms des professeurs, liste des livres scolaires prêtés, modifications d'emploi du temps, relevé des notes, absences et retards.

Il permet:

- *la correspondance* entre l'administration, la vie scolaire, les professeurs et la famille;
- *un contrôle strict des absences et des retards* fait pour les familles comme pour l'administration.

L'élève doit toujours en être muni et le remplir soigneusement.

Il doit être régulièrement *signé* par les parents.

____

____

____

____

V Livres scolaires

Au lycée, les livres sont prêtés pour la durée de l'année scolaire aux élèves. La liste de ces livres figure dans le carnet de correspondance.

Ils doivent être couverts et bien entretenus. La responsabilité financière des parents est engagée en cas de dégradation ou de perte pour les livres de bibliothèque.

____

____

____

____

Nom ______________________________ Date ______________________

MON AUTOBIOGRAPHIE

Write as detailed a description of your school as you can. Tell whether or not you like your school and why.

Mon autobiographie

Nom ______________________ Date ______________________

SELF-TEST 3

A Choisissez les vêtements qui vont ensemble.

robe **jupe** **tee-shirt** **chemise** **cravate**

1. un pantalon et une ______________
2. un chemisier et une ______________
3. un collant et une ______________
4. un short et un ______________
5. une chemise et une ______________

B Complétez d'après les dessins.

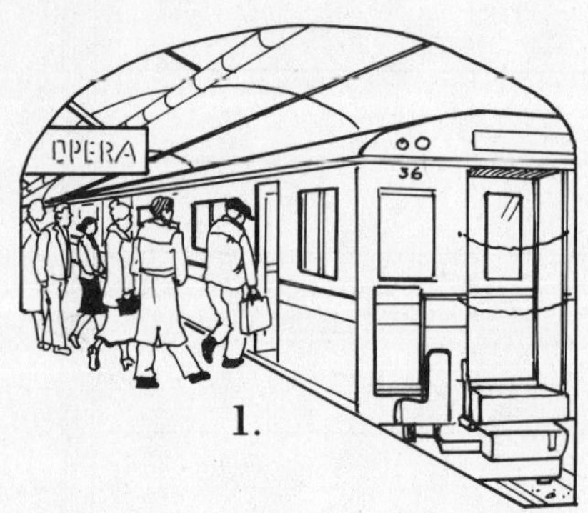

1.

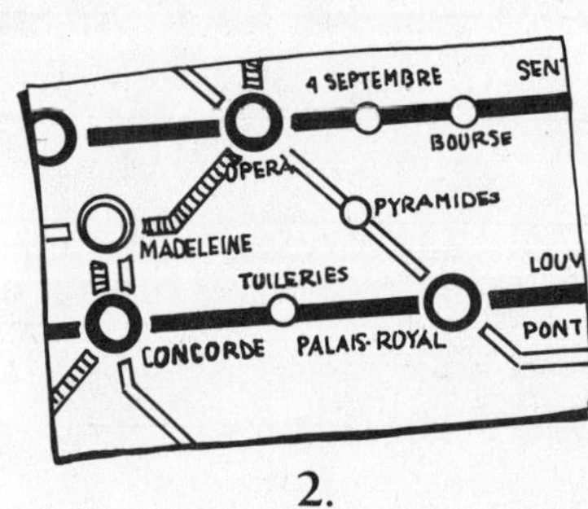

2.

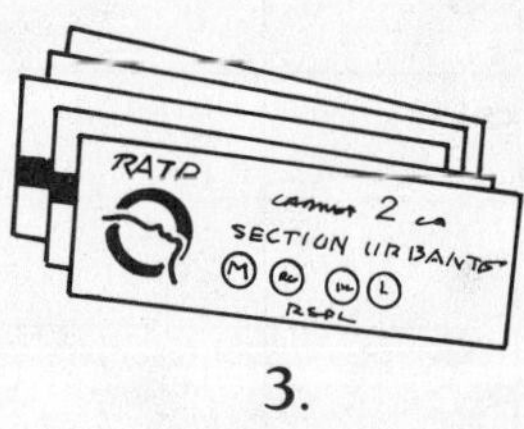

3.

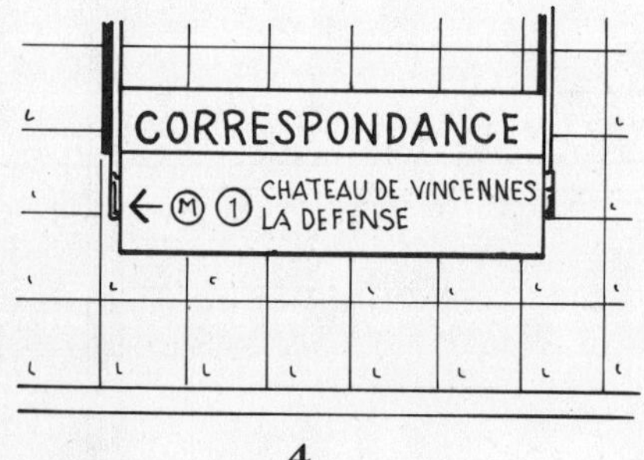

4.

5.

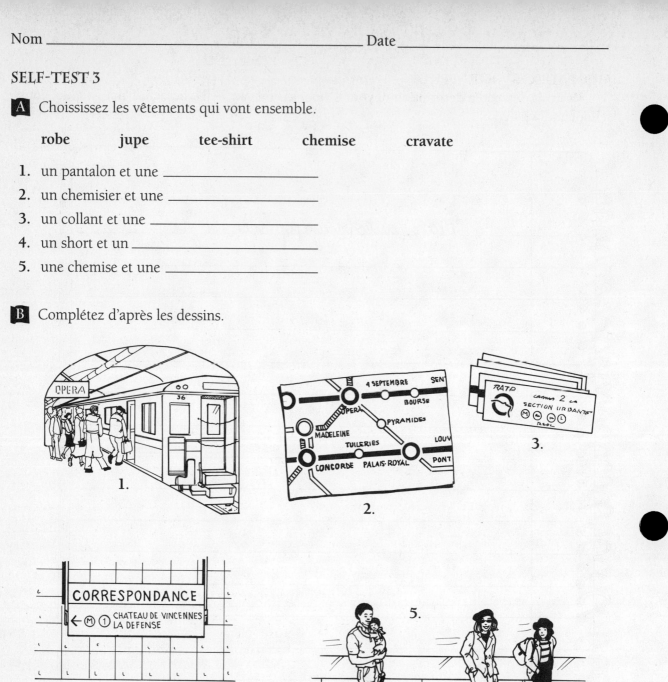

1. Les filles sont dans ______________________________.
2. Elles regardent ______________________________.
3. Elles achètent ______________________________.
4. Elles doivent prendre ______________________________.
5. Elles prennent ______________________________.

Nom ______________________ Date ______________

C Récrivez les phrases suivantes en remplaçant les mots en italique par des mots convenables.

1. On met des drapeaux français dans les rues *à Noël*.

   ____

2. *Le jour de l'An* est la fête des Lumières.

   ____

3. Les enfants mettent leurs souliers devant la cheminée à *Hanouka*.

   ____

4. On achète des serpentins pour *le 14 juillet*.

   ____

5. On célèbre *le jour de l'An* en été.

   ____

D Faites une liste de six choses qu'on peut trouver dans une salle de classe.

1. ______________ 4. ______________
2. ______________ 5. ______________
3. ______________ 6. ______________

E Complétez d'après les dessins.

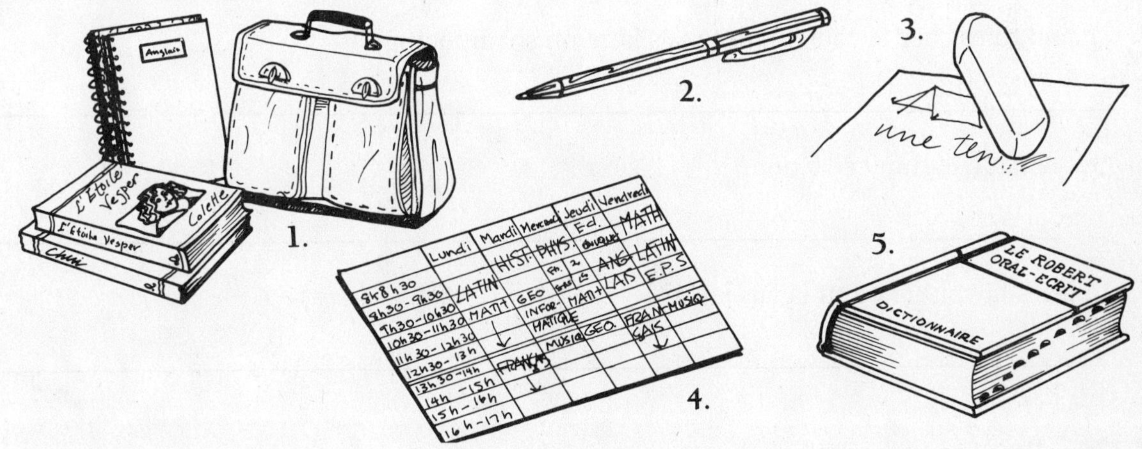

1. Quand je vais au lycée, mes ______________ et mes ______________ sont dans mon ______________.
2. Pour écrire j'ai besoin d'un ______________ noir.
3. Quand je fais une faute, j'______________ avec ma ______________.
4. J'écris tous mes ______________ sur mon ______________.
5. Dans un ______________ je peux trouver beaucoup de mots.

Nom ______________________ Date ______________________

F Récrivez les phrases en utilisant *venir de.*

1. Les spectateurs applaudissent la fanfare.

____

2. L'élève apprend ses leçons.

____

3. Tu souris à l'enfant.

____

4. Nous faisons notre lessive.

____

5. Vous appuyez sur le bouton.

____

G Donnez des réponses personnelles.

1. Qu'est-ce que ta mère te fait faire?

____

2. Tu nettoies tes vêtements toi-même ou tu les fais nettoyer?

____

3. Quand tu es chez le coiffeur, tu te fais faire un shampooing?

____

4. Qui te fait faire une rédaction?

____

5. Tu laves ta voiture ou tu la fais laver?

____

H Complétez avec *rire* ou *sourire.*

1. Nous ______________ toujours quand nous regardons cette émission. (rire)
2. La Joconde ______________ mystérieusement. (sourire)
3. Charlie Chaplin me fait ______________. (rire)
4. Il a ______________ quand il nous a vus. (sourire)
5. Qui ne ______________ pas beaucoup? (sourire)

Nom ______________________________ Date ____________________

I Écrivez les nombres suivants.

1. mille six cent quatre-vingt-sept ____________________
2. douze cent vingt ____________________
3. cinq mille cinquante-cinq ____________________
4. quatre millions deux cent quarante mille ____________________
5. mille neuf cent soixante-dix-huit ____________________

J Complétez d'après les dessins.

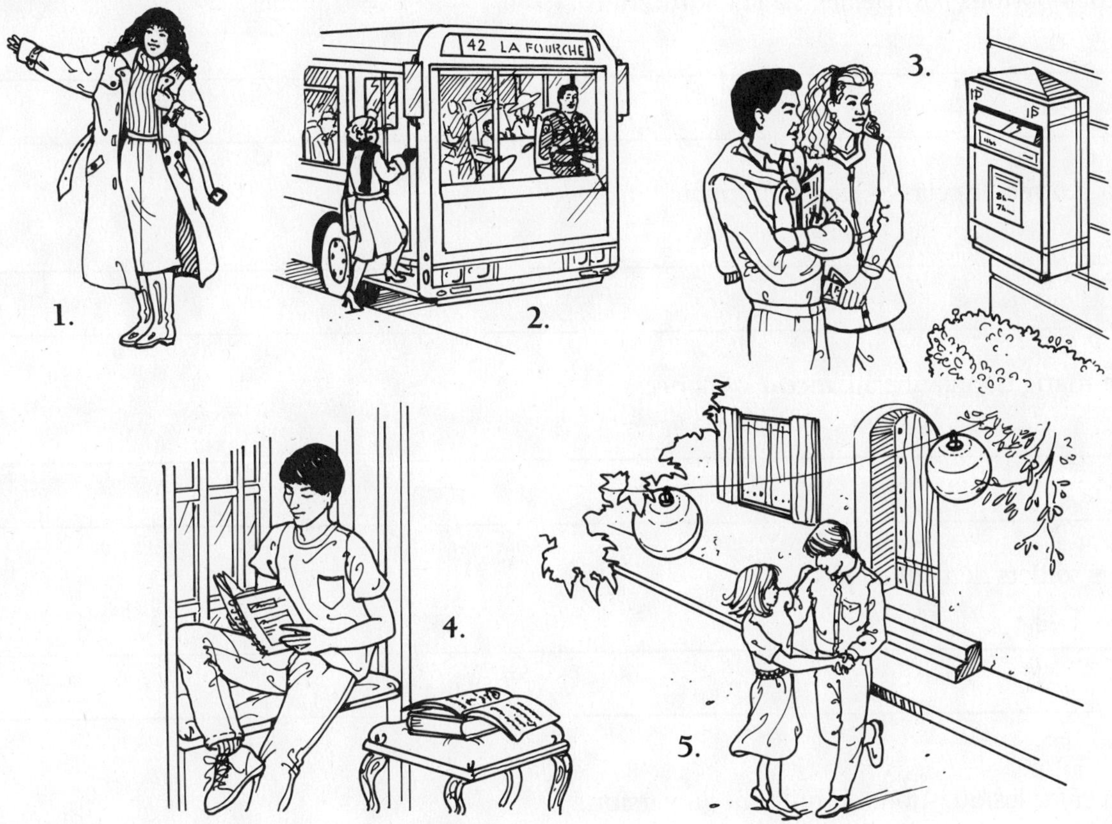

1. S'il pleuvait, je ______________________________.
2. Si ma mère était fatiguée, elle ______________________________.
3. Nous ____________________ ces cartes postales si nous avions des timbres.
4. Si tu avais de mauvaises notes, tu ____________________ un peu plus.
5. Vous ____________________ si vous étiez dans les rues le 14 juillet.

Nom ______________________________ Date ______________________

K Faites des questions en remplaçant les mots en italique par des mots interrogatifs. Suivez le modèle.

Il prennent *le bus* à l'arrêt d'autobus.
Qu'est-ce qu'ils prennent à l'arrêt d'autobus?

1. Ils attendent le métro *à la station.*

____

____

2. Nous portons *nos vêtements* à la teinturerie.

____

____

3. La rentrée des classes est *en septembre.*

____

____

4. Le marié donne une alliance *à la mariée.*

____

____

5. Les soldats défilent *au pas.*

____

____

L Récrivez les questions en utilisant l'inversion.

1. Pourquoi est-ce que le censeur est dans les couloirs?

____

2. Comment est-ce que vous allez au lycée?

____

3. Est-ce qu'il y a une laverie automatique dans ce quartier?

____

4. Quand est-ce que les Français dansent dans les rues?

____

5. Combien de cours est-ce que tu suis?

____

6. Est-ce qu'il est amusant de chanter des chants de Noël?

____

7. Où est-ce que les copains vont aller pendant les vacances?

____

8. Qu'est-ce qu'il y a sur le tableau noir?

____

M Répondez en utilisant *en.*

1. Combien de jours la fête des Lumières dure-t-elle?

____

2. Les enfants reçoivent plusieurs cadeaux à Noël?

Oui, ____

3. Ils vont chanter deux ou trois chants de Noël?

Oui, ____

4. La famille a invité des amis?

Oui, ____

5. Tout le monde enverra beaucoup de cartes de vœux?

Oui, ____

N Remplacez les mots en italique par des pronoms.

1. On se lave *dans la salle de bains.* ____________________
2. Le prof donne *de bonnes notes aux élèves.* ____________________
3. Les amis célèbrent *le réveillon au restaurant.* ____________________
4. Ma sœur me prête *son livre d'anglais.* ____________________
5. Il offre *sa trompette à son meilleur ami.* ____________________

Nom ______________________ Date ______________________

O Complétez les phrases d'après les dessins.

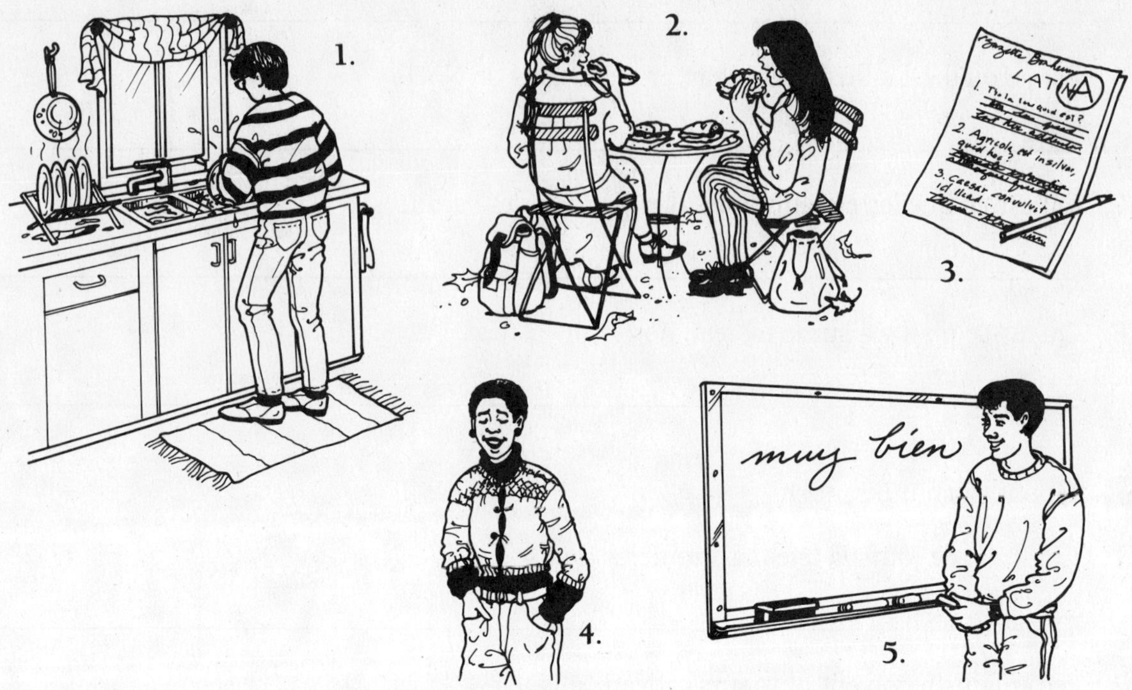

1. Il vaut mieux que tu ______________________.
2. Moi, j'ai faim, et il est temps que nous ______________________!
3. Il est préférable que les élèves ______________________.
4. Laver ton pull à l'eau chaude? Il est possible que ce pull ______________________.
5. Je préférerais qu'il ______________________ l'espagnol.

P Complétez.

1. Il faut que nous ______________________ Noël à la maison. (passer)
2. Ma mère exige que j' ______________________ en ville avec elle. (aller)
3. Le prof aimerait que les élèves ______________________ plus sérieux. (être)
4. Mon petit frère souhaite que le Père Noël lui ______________________ beaucoup de cadeaux. (laisser)
5. Mes parents préfèrent que je ______________________ le métro. (prendre)

Nom ______________________________ Date ______________________

Q Choisissez.

1. Les élèves vont à la salle de permanence quand ____.
   a. ils ont un problème avec un prof
   b. un prof est absent
   c. ils doivent faire la connaissance de leurs profs
2. Un collège français a des élèves qui ont ____.
   a. plus de 18 ans
   b. de 15 à 18 ans
   c. de 11 à 15 ans
3. Un couple français doit être marié à ____.
   a. la mairie
   b. l'église
   c. la maison
4. Le Père Noël met les cadeaux ____.
   a. dans la cheminée
   b. sur la table
   c. dans les souliers
5. Dans un lycée un proviseur qui est une femme s'appelle ____.
   a. le proviseur
   b. la directrice
   c. le censeur
6. Dans une laverie automatique ____.
   a. on peut laver son linge
   b. un(e) employé(e) lave le linge
   c. on se lave

Answers appear on page 193.

Nom ______________________________ Date ______________________

CHAPITRE

13 LE SAVOIR-VIVRE EN FRANCE

VOCABULAIRE

Mots 1

A **À vous de décider.** Décidez si c'est mal élevé ou bien élevé.

	mal élevé	bien élevé
1. Il mange avec les doigts.	____	____
2. Il met les coudes sur la table.	____	____
3. Il s'essuie les doigts sur son pantalon.	____	____
4. Il s'essuie les lèvres avec sa serviette.	____	____
5. Il mange toujours la bouche fermée.	____	____
6. Il ne parle jamais la bouche pleine.	____	____
7. Il arrive toujours en retard quand il a rendez-vous.	____	____
8. Il se lève quand une personne âgée s'approche.	____	____
9. Il resquille toujours.	____	____
10. Il tutoie toujours les gens qu'il ne connaît pas.	____	____

B **De bonnes et de mauvaises manières.** Choisissez le dessin qui correspond.

1. _____ Elles se serrent la main.
2. _____ Elles s'embrassent sur les joues.
3. _____ Elles bousculent tout le monde.
4. _____ Elles rompent le pain avec les doigts.
5. _____ Elles partagent les frais.

Nom ______________________________ Date ______________________

Mots 2

C **Comment est-il?** Décrivez-le d'après les dessins.

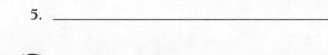

1. ______________________________
2. ______________________________
3. ______________________________
4. ______________________________
5. ______________________________

D **Des présentations.** Complétez le dialogue d'après le dessin.

Nom ______________________ Date ______________________

STRUCTURE

Les verbes irréguliers savoir, pouvoir, vouloir *au présent du subjonctif*

A **Il est, bien sûr, content.** Récrivez les phrases en remplaçant *nous* par *je*.

1. Il est content que nous voulions faire sa connaissance.

____

2. Il est content que nous le sachions.

____

3. Il est content que nous puissions lui rendre visite.

____

Le subjonctif après les expressions d'émotion

B **Je suis content(e).** Complétez et ensuite écrivez deux phrases de plus.

1. Je suis content(e) que mon ami(e) ______________________.
2. Je suis content(e) ______________________.
3. ______________________
4. ______________________

C **Ils ont peur.** Complétez et ensuite écrivez deux phrases de plus.

1. Mes parents ont peur que je ______________________.
2. Mes parents ont peur ______________________.
3. ______________________
4. ______________________

D **Je suis désolé(e).** Complétez et ensuite écrivez deux phrases de plus.

1. Je suis désolé(e) que tu ______________________.
2. Je suis désolé(e) ______________________.
3. ______________________
4. ______________________

Nom ______________________________ Date ______________________

E **Je suis surpris(e).** Complétez et ensuite écrivez deux phrases de plus.

1. Je suis surpris(e) que mes copains ______________________________.
2. Je suis surpris(e) ______________________________.
3. ______________________________
4. ______________________________

F **Les manières.** Complétez.

1. Je regrette qu'il ______________ de mauvaises manières. (avoir)
2. J'ai peur qu'il ne ______________ pas ce qu'il doit faire. (savoir)
3. Je suis content(e) qu'il ne ______________ pas à notre fête. (venir)
4. Franchement je suis surpris(e) qu'il ne ______________ pas venir. (pouvoir)
5. Et je regrette que son amie ne ______________ pas là. (être)

Le verbe boire

G **Qu'est-ce qu'on boit?** Récrivez au pluriel.

1. Je bois très peu de café.

   ____

2. L'enfant boit du jus d'orange.

   ____

3. Tu bois du coca?

   ____

4. Il boit du thé.

   ____

Nom ______________________________ Date ______________

UN PEU PLUS

A **Pour être poli(e), qu'est-ce que je dois dire?** Lisez.

OCCASION	SALUTATION
un anniversaire	Joyeux Anniversaire Bon Anniversaire Heureux Anniversaire
une fête	Bonne fête
Noël	Joyeux Noël
le Nouvel An	Bonne Année
un mariage	Toutes mes félicitations pour votre mariage
quand on mange	Bon appétit

B **Le savoir-vivre.** Corrigez les paragraphes suivants en utilisant les salutations de l'Exercice A.

L'autre jour, je suis allée au restaurant avec des amies pour célébrer l'anniversaire de notre amie Joëlle. Le serveur savait que c'était son anniversaire et il lui a dit: *«Bon appétit!»*

______________________________ (1)! Nous avons remarqué que l'homme et la femme à la table d'à côté avaient l'air très, très heureux. Ils nous ont dit: «Nous venons de nous marier!» Alors nous leur avons répondu: *«Bon anniversaire!»*

______________________________ (2)

____

Le lendemain, c'était le 25 décembre et mes amies et moi, nous nous sommes souhaité *«Bonne Année!»* ______________________________ (3)! Le jour de l'An, j'ai organisé une fête chez moi et ma mère a préparé une dinde farcie aux marrons. Quand nous avons commencé à manger la dinde, ma mère nous a dit: *«Toutes mes félicitations pour votre mariage!»* ______________________________ (4)! C'était le premier jour du nouvel an, alors toutes mes amies m'ont souhaité: *«Joyeux Noël!»*

______________________________ (5)!

Nom ______________________________ Date ______________________

C **Quelques règles de politesse.** Lisez.

Quand on parle anglais on emploie toujours le nom de famille avec les titres *Mr., Mrs., Miss* et *Ms.* En anglais il faut dire: *Hello, Mrs. Brown* et pas seulement *Hello, Mrs.* En français, quand on veut saluer quelqu'un, on ne dit que Monsieur, Madame ou Mademoiselle: «Bonjour, Madame». «Bonsoir, Monsieur». On n'a pas besoin d'ajouter le nom de famille.

Voici une autre différence entre les deux langues. Vous êtes en France et on vous demande si vous voulez quelque chose—du pain, par exemple. Vous n'en voulez pas. Qu'est-ce que vous allez dire? Eh bien, en français on dit tout simplement «Merci»: cela veut dire que vous n'en voulez pas. Et si vous en voulez? Alors il faut dire «S'il vous plaît».

D **Elle est polie, Brigitte!** Complétez d'après l'Exercice C.

Brigitte est très polie. Elle a de bonnes manières. Alors quand elle voit sa voisine, Madame Desforges, elle la salue toujours. Elle lui dit: ______________________ (1). Quelquefois Madame Desforges invite Brigitte à dîner. Elle lui propose toujours du pain avec le repas. Brigitte veut maigrir et ne mange presque jamais de pain. Alors quand Madame Desforges lui dit: «Du pain?», Brigitte lui répond: ______________________ (2). La semaine dernière Madame Desforges a préparé de la mousse au chocolat comme dessert. Brigitte n'a pas pu résister. Quand Madame Desforges lui a dit: « Vous prendrez de la mousse au chocolat, n'est-ce-pas, Brigitte?» Brigitte a répondu: ______________________ (3). Et la mousse au chocolat était délicieuse!

Nom ____________________ Date ____________________

MON AUTOBIOGRAPHIE

Write about something that happened to you or that you did that you consider to be an example of bad manners. What was the outcome or the consequences?

Contrast this episode with something that happened to you or that you did that you think demonstrated very good manners.

Mon autobiographie

CHAPITRE 14

LE MAGHREB

VOCABULAIRE

Mots 1

A Un petit dictionnaire. Pour chaque définition, donnez le mot.

1. la monnaie tunisienne ______________________
2. un édifice cultuel (religieux) de l'Islam ______________________
3. la tour d'une mosquée ______________________
4. celui qui est chargé d'appeler, du haut du minaret, les musulmans aux prières ______________________
5. trois pays de l'Afrique du Nord ______________________
6. ce que portent quelques femmes musulmanes ______________________
7. un marché arabe couvert ______________________
8. la partie ancienne d'une ville arabe ______________________
9. là où un artisan fait son travail ______________________
10. celui qui fait ou vend des objets en cuir ______________________
11. un bain turc ______________________
12. un plat du Maghreb ______________________

B Qu'est-ce que c'est? Identifiez.

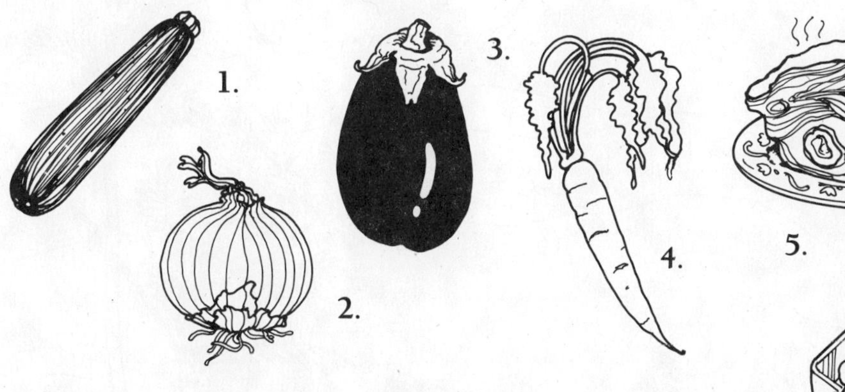

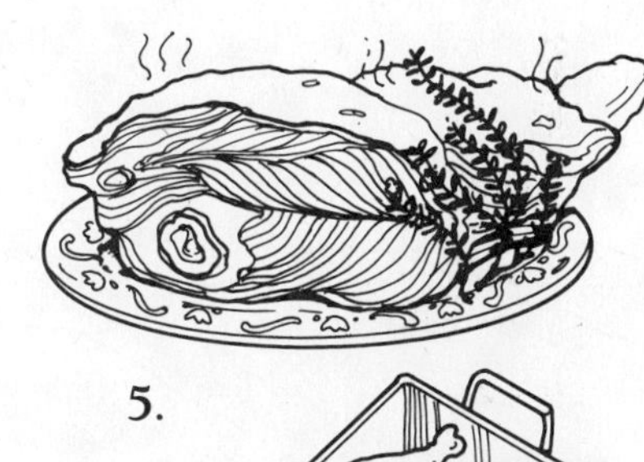

1. ______________________
2. ______________________
3. ______________________

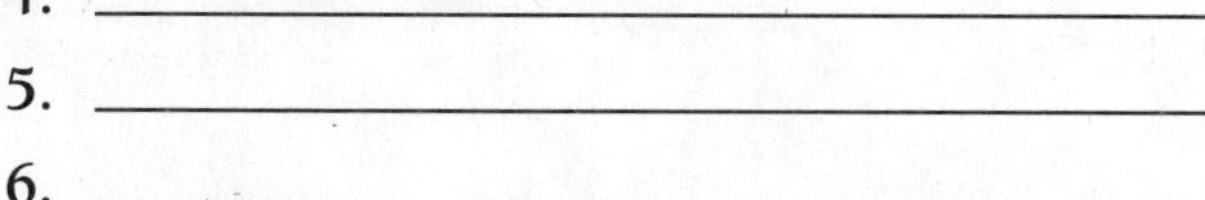

4. ______________________
5. ______________________
6. ______________________

Nom ______________________ Date ______________________

C **Dans une ville arabe.** Répondez.

1. Il va prier. Où va-t-il?

____

2. Il veut acheter quelque chose. Où va-t-il?

____

3. Il va prendre un bain. Où va-t-il?

____

4. Il va flâner (faire une petite promenade) dans les ruelles du vieux quartier. Où va-t-il?

____

5. Il veut acheter des sandales. Où va-t-il?

____

6. Il va visiter les pays du Maghreb. Où va-t-il?

____

Mots 2

D **Le désert.** Décrivez le dessin.

Nom ______________________ Date ______________________

E **Un petit dictionnaire.** Donnez le mot.

1. une région sèche où il y a très peu d'eau et beaucoup de sable ______________________
2. un animal qui survit facilement dans le désert ______________________
3. une colline de sable ______________________
4. ce qui brille dans le ciel ______________________
5. un vaste continent au sud de l'Europe ______________________
6. un désert qui se trouve au Maghreb ______________________
7. une petite région dans le désert où il y a de l'eau et des palmiers ______________________
8. une plantation de palmiers ______________________
9. le fruit d'un palmier ______________________
10. un lac salé dans le désert ______________________

STRUCTURE

Le subjonctif avec les expressions de doute

A Je ne crois pas. Écrivez quatre choses que vous ne croyez pas.

1. Je ne crois pas que (qu') ______________________
2. ______________________
3. ______________________
4. ______________________

B Je crois. Écrivez quatre choses que vous croyez.

1. Je crois que (qu') ______________________
2. ______________________
3. ______________________
4. ______________________

C Je doute. Récrivez les phrases de l'Exercice B en remplaçant *Je crois que* par *Je doute que.*

1. ______________________
2. ______________________
3. ______________________
4. ______________________

D Non! Récrivez les phrases négativement.

1. Il est sûr que Jonathan viendra ce soir.

   ____

2. Je crois que Maurice ira au bureau.

   ____

3. Je crois que Jonathan l'attendra.

   ____

4. Il est certain qu'ils partiront à dix heures.

   ____

Nom ______________________ Date ______________________

E **Franchement j'en doute.** Récrivez les phrases en commençant par *Je doute que.*

1. Nous pouvons prendre la voiture.

   ____

2. Nous finissons les préparatifs avant de partir.

   ____

3. Il connaît bien la route.

   ____

4. Nous arriverons à Monastir avant minuit.

   ____

5. Nous trouverons un bon hôtel à Monastir.

   ____

6. Il fera mauvais temps à Monastir.

   ____

L'infinitif après les prépositions

F **À vous de décider.** Complétez les phrases suivantes.

1. Ahmed est allé au souk pour ______________________.
2. Il est allé au hammam avant de (d') ______________________.
3. Il ne pourra pas le faire sans ______________________.
4. Il a très envie de (d') ______________________.

UN PEU PLUS

 **Le Maghreb.** Lisez.

Le passé vivant au Maghreb

Les pays maghrébins ont acquis leur indépendance assez récemment, entre 1956 et 1962. Le Maroc, l'Algérie et la Tunisie sont des pays francophones conséquence d'une longue occupation française. Aujourd'hui, beaucoup de Français visitent la région.

Pourquoi les touristes vont-ils au Maghreb? D'abord parce qu'on peut faire un voyage dans le passé. Partout on peut admirer l'héritage de l'Islam, particulièrement dans les merveilles de l'architecture. Il y a, par exemple, la mosquée al-Zaytūna à Tunis et Bab al-Mansūr à Meknès, au Maroc. (*Bab* en arabe veut dire *porte.*) Ces monuments splendides ne sont pas loin des quartiers modernes.

Au Maroc, en Tunisie et en Algérie, il y a des traces nombreuses de la civilisation romaine qui a fleuri au Maghreb avant l'époque musulmane. Aujourd'hui on peut visiter les ruines romaines de Dougga en Tunisie, de Volubilis (près de Meknès) au Maroc et de Timgad en Algérie. Ces ruines sont bien préservées grâce à la sécheresse[1] du climat.

Au musée du Bardo, dans la banlieue de Tunis, on peut admirer des mosaïques romaines. Ces mosaïques sont souvent considérées comme les plus belles du monde.

C'est aussi dans la vie quotidienne[2] du peuple qu'on retrouve le passé. À la campagne la vie des bergers[3], des chevriers[4] et des fermiers n'a pas varié depuis des siècles. Des femmes voilées portent encore d'énormes pots d'eau sur la tête.

Si vous visitez Fez au Maroc, vous pouvez perdre votre chemin dans les rues étroites. Les souks de Fez sont très anciens; ils datent du neuvième siècle. Si vous êtes conduit par un guide bien informé, vous pouvez négocier avec les marchands. Les tapis[5], les poteries et les objets en cuivre[6] sont de très beaux produits de l'artisanat local. Les bonnes occasions[7] ne sont pas rares.

[1] grâce à la sécheresse	*thanks to the dryness*
[2] quotidienne	*daily*
[3] bergers	*shepherds*
[4] chevriers	*goatherds*
[5] tapis	*rugs*
[6] cuivre	*copper*
[7] bonnes occasions	*bargains*

Nom ______________________________ Date ____________________

B **Un voyage dans le passé.** Répondez aux questions d'après la lecture de l'Exercice A.

1. Est-ce que les pays du Maghreb sont francophones?

____

2. Pourquoi beaucoup de touristes vont-ils aux pays de cette région?

____

____

____

____

3. Quand est-ce que la civilisation romaine a fleuri en Afrique du Nord?

____

4. Pourquoi les ruines romaines de l'Afrique du Nord sont-elles bien préservées?

____

____

5. Est-ce que la vie à la campagne a changé pendant les siècles?

____

6. De qui a-t-on besoin pour visiter les souks?

____

7. Quels produits de l'artisanat marocain peut-on acheter à Fez?

____

____

Nom ______________________________ Date ____________________

C **La poésie africaine.** Ce ne sont pas seulement les pays du Maghreb qui sont des pays africains francophones. Il y a aussi beaucoup de pays d'Afrique occidentale, centrale et équatoriale où les habitants parlent français. Voici un poème écrit par un poète du Cameroun, Elalongue Epanya Yondo. Lisez-le et répondez aux questions.

Dors, mon enfant

Dors mon enfant dors
Quand tu dors
Tu es beau
Comme un oranger fleuri...
Dors mon enfant dors
Tu es si beau
Quand tu dors
Mon beau bébé noir dors.

(*Kamerun, Kamerun!* Présence africaine)

1. Qui parle?

____

2. Combien de fois le mot «dors» est-il répété?

____

3. À quel arbre est-ce qu'on compare le bébé?

____

D **Léopold Senghor**. Léopold Sédar Senghor est un homme extrêmement doué. Il a servi son pays, le Sénégal, comme président. C'est aussi un poète et un intellectuel célèbre. Senghor est le seul Africain membre de l'Académie française. Dans une encyclopédie, faites des recherches sur sa vie et écrivez un petit paragraphe sur sa vie.

____

____

____

____

____

____

____

____

Nom ______________________ Date ______________________

MON AUTOBIOGRAPHIE

Make up an imaginary trip to an exotic land that you would like to visit. What do you think you would find there? Be as imaginative as possible.

Mon autobiographie

Nom ____________________ Date ____________________

CHAPITRE

15 LES AGRICULTEURS EN FRANCE

VOCABULAIRE

Mots 1

A **Des animaux.** Identifiez.

1. ____________________
2. ____________________
3. ____________________
4. ____________________
5. ____________________
6. ____________________

Nom ______________________ Date ______________________

B **Une ferme.** Identifiez.

1. ______________________
2. ______________________
3. ______________________
4. ______________________
5. ______________________

Nom ______________________________ Date ____________________

C **L'agriculture.** Complétez.

1. Les agriculteurs ____________________ ou travaillent la terre.
2. La ____________________ est l'action de cultiver la terre.
3. On ____________________ ce que la terre produit, c'est-à-dire, par exemple, les légumes et les céréales.
4. Le ________________, le ________________ et l'________________ sont des céréales.
5. Les chevaux et les moutons sont des ______________________________.
6. On garde les vaches dans ____________________.
7. Un ____________________ est une machine (un appareil) agricole.

D **Au pluriel.** Donnez le pluriel.

1. un agneau ______________________________
2. un cheval ______________________________
3. un taureau ______________________________
4. un animal ______________________________
5. un troupeau ______________________________

E **Quel est le nom?** Choisissez le nom qui correspond.

1. ____ récolter
2. ____ produire
3. ____ cultiver
4. ____ travailler
5. ____ entretenir
6. ____ élever

a. l'élevage
b. le travail
c. la production, le produit
d. l'entretien
e. la récolte
f. la culture

Nom ______________________________ Date ____________________

Mots 2

F **Un petit dictionnaire.** Pour chaque définition, donnez le mot.

1. ce qu'il y a très tôt le matin ______________________
2. ce qu'il y a à la nuit tombante ______________________
3. là où l'on met le matériel agricole ______________________
4. l'agriculteur ______________________
5. déposer quelque chose provisoirement ______________________

G **Qu'est-ce que c'est?** Identifiez.

1. ______________________
2. ______________________
3. ______________________
4. ______________________
5. ______________________
6. ______________________

Nom ______________________ Date ______________________

STRUCTURE

Le passé du subjonctif

A **Des émotions.** Mettez les verbes en italique au passé.

1. Je suis content que Julie *aille* à la ferme.

   ____

2. Elle est heureuse que la famille de Camille l'*invite.*

   ____

3. Je suis désolé que vous ne *puissiez* pas l'accompagner.

   ____

4. Il est possible qu'elle *apprenne* beaucoup.

   ____

5. Il est possible que la vie à la ferme l'*intéresse.*

   ____

B **On le doute.** Mettez les verbes en italique au passé.

1. Je doute qu'il le *sache.*

   ____

2. Il doute que j'*arrive* à l'heure.

   ____

3. Ils doutent que nous les *connaissions.*

   ____

4. Je ne suis pas sûr(e) qu'elle *se réveille* au lever du soleil.

   ____

   ____

5. Et je doute qu'elle *se couche* avant le coucher du soleil.

   ____

   ____

6. Il est possible qu'ils *se voient* à la ferme.

   ____

Nom ______________________ Date ______________________

Le subjonctif après des conjonctions

C **Pourquoi?** Complétez.

1. Il le fait pour que nous ______________________.
2. Elle ne le fera pas à moins que tu ______________________.
3. Nous ne partirons pas avant que vous ______________________.
4. Je serai là jusqu'à ce qu'il ______________________.
5. Il ne dira rien sans que je ______________________.
6. Elles le sauront pourvu que tu ______________________.
7. Elle ira bien que je ______________________.

D **À vous de décider.** Complétez.

1. Je travaille pour ______________________.
2. Et mes amis travaillent pour ______________________.
3. Il reçoit de bonnes notes sans ______________________.
4. Il me le donnera avant de ______________________.

Nom ______________________________ Date ____________________

UN PEU PLUS

A **Les paysans.** Vous avez lu dans la Lecture de ce chapitre que les fermiers en France ont des problèmes financiers. Par conséquent, le nombre d'agriculteurs diminue. Mais il y a aussi des paysans qui adorent la campagne. Ils ne changeraient leur mode de vie pour rien au monde. Lisez ce qu'en dit Pierre Bonte, dans son œuvre *Le Bonheur est dans le pré.*

Avant tout, je suis paysan

Avant tout, je suis paysan. L'été, je me lève à six heures du matin, même parfois à cinq heures, mais l'hiver je me lève à huit heures. Le paysan suit le soleil. Le meilleur moment est quand je termine le soir et que je rentre chez moi. Que j'ai travaillé non pas à me tuer[1] mais que j'ai accompli ma journée dans ma vigne ou à soigner mon troupeau. Par exemple, maintenant nous avons les brebis qui font agneau. Le soir, je vais dans l'étable, il y a sept ou huit agneaux qui sont nés. J'aide leur mère, je les fais téter. Quand je reviens et que je me remémore ce que j'ai fait, c'est là que je suis heureux. Je suis avec ma femme et mes enfants, je leur raconte que huit agneaux sont nés, qu'il n'y a pas de mère qui ne les aime pas. Ça, c'est une satisfaction.

On n'est pas trop contents quand il gèle, que les cerises[2] sont gelées, ça fait long la journée. Mais on essaie d'oublier.

Le bonheur est facile à trouver. Je le rencontre tout le temps. Je sors, je marche sur la route, je regarde la montagne et je trouve que c'est beau. Je suis heureux. Je vais dans les terres et si les vignes ne sont pas gelées, si je vois que ça pousse, c'est beau. C'est ça la vie. Pour moi, c'est ça. Maintenant, tout le monde ne peut pas en profiter de cette façon. Parce que, malheureusement, il y a beaucoup de jeunes qui ont été obligés, ils sont partis pour la ville.

[1] me tuer *kill myself*
[2] cerises *cherries*

B **La terre bien-aimée.** Répondez d'après la lecture.

1. Quand le paysan se lève-t-il en été?

____

____

2. À quelle heure se lève-t-il en hiver?

____

3. Quand est-il vraiment heureux?

____

____

____

4. Qu'est-ce qui est pour lui une satisfaction?

5. Où trouve-t-il le bonheur?

C **Avez-vous compris?** Expliquez.

1. Le paysan suit le soleil.

2. Malheureusement, il y a beaucoup de jeunes qui ont été obligés, ils sont partis pour la ville.

Nom ____ Date ______________________________

D **Cocorico!** Dans toutes les langues il y a des expressions animalières. En voici quelques-unes en français.

Il est têtu comme un âne.

Il est doux comme un agneau.

Il met la charrue avant les bœufs.

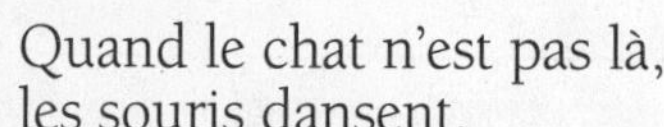

Quand le chat n'est pas là,
les souris dansent.

Il appelle un chat un chat.

Il a une fièvre de cheval.

Il a pris le taureau par les cornes.

Il parle français comme une vache espagnole.

D'autres expressions:

Il est malade comme une bête. *(animal)*

Il mange comme un cochon.

C'est un drôle d'oiseau.

Il est fort comme un bœuf.

Il est fier comme un coq.

Il fait un temps de chien.

Nom ______________________ Date ______________________

E **Malade comme... un chien? Mais non!** Regardez l'Exercice D et trouvez l'équivalent français de ces expressions anglaises.

1. He's as sick as a dog.

____

2. He's as proud as a peacock.

____

3. When the cat's away, the mice will play.

____

4. He calls a spade a spade.

____

5. He's as strong as an ox.

____

6. He's as gentle as a lamb.

____

7. He took the bull by the horns.

____

F **Qui est malin comme un singe?** Trouvez l'expression qui dit la même chose.

1. Il ne veut pas écouter ou faire ce qu'on lui dit de faire. Il dit toujours non.

____

2. Il a une température très élevée.

____

3. Il fait très mauvais temps.

____

4. Il ne parle pas très bien le français.

____

5. Il n'a pas de bonnes manières quand il mange. Il mange la bouche ouverte et il fait du bruit.

____

Nom ______________________________ Date ______________________

MON AUTOBIOGRAPHIE

Based on what you know about the country and life on a farm, tell if you think rural life would interest you. Are you a country person or a city person? Explain why, based on your interests.

Mon autobiographie

Nom ______________________________ Date ______________________

CHAPITRE

16 LES PROFESSIONS ET LES MÉTIERS

VOCABULAIRE

Mots 1

A **Un petit dictionnaire.** Quel est le mot?

1. celui qui joue dans une pièce ______________________
2. celle qui danse ______________________
3. celui qui vend des marchandises ______________________
4. celle qui aide les personnes qui ont besoin d'une aide matérielle, médicale ou morale ______________________
5. celui qui dirige une entreprise ______________________
6. celle qui tient les (est responsable des) comptes (financiers) ______________________
7. celui qui défend son client devant le juge au tribunal ______________________

B **Homme et femme.** Choisissez la forme féminine.

1.	____ un directeur	a.	une secrétaire
2.	____ un secrétaire	b.	une comptable
3.	____ un technicien	c.	une commerçante
4.	____ un acteur	d.	une comédienne
5.	____ un comédien	e.	une avocate
6.	____ un assistant	f.	une technicienne
7.	____ un commerçant	g.	une femme cadre
8.	____ un cadre	h.	une actrice
9.	____ un comptable	i.	une assistante
10.	____ un avocat	j.	une directrice

Nom _______________________________ Date _____________________

C **Lieu de travail ou profession.** Choisissez.

	lieu de travail	profession
1. le bureau	____	____
2. l'hôpital	____	____
3. le médecin	____	____
4. l'avocate	____	____
5. le tribunal	____	____
6. la mairie	____	____
7. le maire	____	____
8. l'usine	____	____
9. la boutique	____	____
10. la secrétaire	____	____
11. le magasin	____	____
12. le théâtre	____	____
13. l'acteur	____	____
14. la commerçante	____	____

Mots 2

D **Un entretien.** Mademoiselle Chandelier pose sa candidature à un emploi chez Isère et Frères. Voici les réponses aux questions qu'elle va poser à l'employée du service du personnel qui la fera passer un entretien. Écrivez les questions qui correspondent.

1. MLLE CHANDELIER: _______________________________________

____

L'EMPLOYÉE: Vous gagneriez 10 000 F par mois.

2. MLLE CHANDELIER: _______________________________________

____

L'EMPLOYÉE: Vous commenceriez à 9 heures du matin.

3. MLLE CHANDELIER: _______________________________________

____

L'EMPLOYÉE: Vous liriez le courrier, vous répondriez aux lettres, vous répondriez au téléphone et vous parleriez aux clients.

4. MLLE CHANDELIER: _______________________________________

____

L'EMPLOYÉE: Vous travailleriez avec une autre secrétaire, les comptables et les informaticiens.

Nom ______________________ Date ______________

E **Le travail.** Exprimez d'une autre façon.

1. Il peut commencer à travailler tout de suite.

____

2. Il travaille 40 heures par semaine.

____

3. Il ne veut travailler que vingt heures par semaine.

____

4. Il n'a pas de travail.

____

5. Il ne travaille pour personne. Il a sa propre affaire.

____

Nom ______________________________ Date ____________________

STRUCTURE

Le subjonctif dans les propositions relatives

A **Défini ou pas?** Complétez.

1. Il cherche quelqu'un qui ____________________
2. Il connaît quelqu'un qui ____________________
3. Elle a besoin de quelqu'un qui ____________________
4. Elle a trouvé quelqu'un qui ____________________
5. La société veut une personne qui ____________________
6. Ils ont fait passer une entrevue à une personne qui ____________________
7. Je vais acheter un livre qui ____________________
8. Je lis un livre qui ____________________
9. Je veux voir un film qui ____________________
10. J'ai vu un film qui ____________________

Nom ____ Date ______________________________

Le subjonctif après un superlatif

B Mon opinion. Écrivez des phrases avec les expressions suivantes.

1. le meilleur livre

____

2. le pire film

____

3. la plus jolie photo

____

4. le plus beau garçon

____

5. la plus belle fille

____

6. le voyage le plus intéressant

____

7. la seule personne

____

8. le seul emploi

____

Le subjonctif comme impératif

C J'ai dit! Complétez.

1. ________________ sage, mon ami. (être)
2. Ainsi ________________-il! (être)
3. Qu'il le ________________ lui-même. (faire)
4. ________________ de la patience, mon fils. Ça arrivera. (avoir)
5. ________________ gentil. Ne ________________ pas bête. (être, être)
6. Qu'ils le ________________. (savoir)
7. Et vous deux, ________________ du courage. (avoir)

Nom ______________________________ Date ______________________

UN PEU PLUS

Des jobs. Dans un numéro récent du magazine *Jeune et jolie,* on a parlé de différents emplois—ou «jobs», comme on dit en français!—qui pourraient intéresser les adolescents. Lisez les descriptions suivantes et répondez aux questions. Le Smic est le salaire minimum.

Le commerce

Vous pouvez trouver un job chez un commerçant de votre quartier ou de votre lieu de vacances. Gondolier, caissier, manutentionnaire ou vendeur, le commerce recrute pendant les mois d'été. Armez-vous de patience et le sourire aux lèvres (c'est toujours gagnant!), faites la tournée des magasins (prêt-à-porter, librairies, fleuristes, épiceries, boulangeries...) Pensez aussi aux grands magasins, super et hypermarchés. Le salaire équivaut au Smic.

1. Faites une liste des lieux de travail mentionnés dans le paragraphe que vous venez de lire.

   ____

   ____

   ____

   ____

   ____

   ____

   ____

2. Quand est-ce que les commerçants cherchent des employés?

   ____

Le babysitting

C'est le job de dernière minute le plus facile à décrocher. Nombreuses sont les mères qui paniquent à l'approche des vacances. Si vous tombez au bon moment, elles vous emmèneront passer l'été au bord de la mer. Il faut aimer les enfants, savoir être femme responsable. Vous emmènerez les enfants à la plage, les ferez goûter. Vous travaillerez environ trente heures par semaine pour 2 000 F par mois, nourrie et logée. Les offres et demandes s'affichent généralement chez les commerçants du quartier. À vous de déposer des affichettes comportant vos références, coordonnées et aptitudes.

Faites part de vos recherches à vos proches, il se peut que des amis de vos parents soient à la recherche d'une baby-sitter. Vous pouvez aussi contacter des agences.

3. Donnez l'équivalent français.

a. the easiest job to find ______________________

b. if you're there at the right time ______________________

c. notify ______________________

d. it's up to you to post notices ______________________

4. Où les offres et demandes pour le baby-sitting s'affichent-ils?

____

La restauration

Prenez votre courage à deux mains et poussez la porte des restaurants, pizzerias et fast-foods.

Les fast-foods engagent beaucoup de gens pendant l'été pour une durée d'un, deux ou trois mois, au Smic, sur une base de six heures par jour. C'est un boulot assez fatigant qui demande de bonnes jambes et une bonne dose de courage. Rapidité, adresse, amabilité, patience et une bonne mémoire sont indispensables.

5. On travaille à peu près combien d'heures par jour dans un restaurant fast-food?

____

6. Quelles sont des caractéristiques indispensables pour travailler dans un restaurant?

____

____

7. Quel est un autre mot qui veut dire «travail»?

____

Nom ______________________ Date ______________________

B **Personnellement.** Regardez le CV à la page 414 de votre livre, puis écrivez votre CV en français.

____

____

____

____

FORMATION

____ ______________________

____

____ ______________________

____

____ ______________________

____

____ ______________________

____

LANGUES

____ ______________________

____ ______________________

EXPÉRIENCE PROFESSIONNELLE

____ ______________________

____

____ ______________________

____

____ ______________________

____

Nom ______________________ Date ______________________

MON AUTOBIOGRAPHIE

Tell whether or not you want to go to college. If you do want to go, what kind of college do you want to go to? What do you think you would like to study? Is there any particular career that at this moment seems to interest you? Tell what kind of job you think you would like. What does the future hold in store for you?

Mon autobiographie

Nom ______________________ Date ______________________

SELF-TEST 4

A Comment sont-ils? Décrivez leurs émotions d'après les dessins.

1. ______________________
2. ______________________
3. ______________________
4. ______________________
5. ______________________

B Complétez.

1. Le marié a mis l'alliance au ______________ de la mariée.
2. Le petit Jack Horner a mis son ______________ dans la tarte.
3. En France on s'embrasse sur les deux ______________.
4. En France il ne faut pas mettre les ______________ sur la table quand on mange.
5. Marie-Claude sourit beaucoup. Elle a toujours le sourire aux ______________.

C Jean-Paul est bien élevé. Marc est mal élevé. Décrivez ce qu'ils font d'après les dessins.

Jean-Paul	**Marc**

1. ______________________	1. ______________________

2. ______________________	2. ______________________

3. ______________________	3. ______________________

Nom ______________________________ Date ______________________

D Qu'est-ce que c'est?

1. une colline de sable ______________________
2. une file de chameaux ______________________
3. là où les Musulmans prient ______________________
4. un marché arabe couvert ______________________
5. un plat maghrébin ______________________

E Où sont-ils?

1. Ils marchandent. Ils sont dans ______________________.
2. Ils regardent un lac salé dans le désert. Ils regardent ______________________.
3. Ils sont au milieu du désert, là où il y a de l'eau. Ils sont dans ______________________.
4. Ils prennent un bain une fois par semaine. Ils sont dans ______________________.
5. De là, on appelle les fidèles à la prière. Ils sont en haut d' ______________________.

F Complétez les phrases.

1. Avec une moissonneuse-batteuse, l'agriculteur ______________________ le blé.
2. Dans un hangar, l'agriculteur ______________________ le matériel agricole.
3. Dans les prés, les vaches ______________________ de l'herbe.
4. Dans une étable, l'agriculteur ______________________ du foin.
5. Dans les champs, l'agriculteur ______________________ des céréales.

G C'est quel animal domestique?

1. Avant l'invention de la voiture, les gens se servaient de cet animal pour voyager.
   ____
2. Il est rose et il est souvent sale. ______________________
3. Il donne de la laine. ______________________
4. Elle donne du lait. ______________________
5. Il est petit et il a de longues oreilles. ______________________

Nom ______________________ Date ______________

H Répondez par des phrases complètes.

1. Qui dicte des lettres à sa secrétaire?

____

2. Qui défend des clients au tribunal?

____

3. Qui joue dans des pièces de théâtre?

____

____

4. Qui tient (fait) les comptes d'une entreprise?

____

5. Qui aide les familles qui n'ont pas de travail?

____

I Trouvez les phrases qui correspondent.

1. ____ Il travaille pour lui-même (à la maison).
2. ____ Il travaille 40 heures par semaine.
3. ____ Il ne peut pas trouver de travail.
4. ____ Elle cherche du travail.
5. ____ Elle pose sa candidature.

a. Il travaille à plein temps.
b. Elle va au bureau de placement.
c. Il est à son compte.
d. Il est au chômage.
e. Elle est candidate à un poste.

J Complétez avec une forme de *boire*.

1. Nous ______________ de l'eau minérale à table.
2. Les Maghrébins ______________ du thé à la menthe.
3. Qu'est-ce que tu ______________ hier?
4. Mon frère ______________ souvent du coca.
5. Moi, je ne ______________ jamais de café.

Nom ______________________________ Date ____________________

K Faites une seule phrase en utilisant la conjonction entre parenthèses.

1. Elle a appris l'arabe. Elle va en Tunisie. (avant de)

____

2. Elle étudie le chant. Elle veut être chanteuse. (pour)

____

3. Le fermier mange un bon petit déjeuner. Il va travailler dans les champs. (avant de)

____

____

4. Il travaille beaucoup. Il veut gagner de l'argent. (pour)

____

5. On finit ce qu'on a dans la bouche et on parle. (avant de)

____

L Complétez la petite annonce.

GROSSE SOCIÉTÉ CHERCHE QUELQU'UN QUI...

_______________ taper à la machine (pouvoir)

_______________ parler plusieurs langues (savoir)

_______________ travailler à plein temps (vouloir)

Nom ______________________ Date ______________________

M Récrivez les phrases en commençant par les mots entre parenthèses.

1. Il y a une oasis près d'ci. (Je doute)

 ____

2. Elle a obtenu un poste dans une grande entreprise. (Il paraît)

 ____

 ____

3. Vous savez bien marchander. (Ça m'étonnerait)

 ____

4. Nous partons de bonne heure demain matin. (Il n'est pas certain)

 ____

 ____

5. Vous faites du bon travail. (Il me semble)

 ____

N Subjonctif ou indicatif? Complétez.

1. Mes amis cherchent un hôtel qui ______________ confortable. (être)
2. Nous avons de bons hôtels qui ______________ un grand confort moderne. (avoir)
3. Tu as besoin de quelqu'un qui ______________ bien la ville. (connaître)
4. Prends quelqu'un qui ______________ conduire. (pouvoir)
5. Je connais une personne qui ______________ vous aider. (pouvoir)

O Complétez.

1. Il a peur que nous n'______________ pas à l'heure. (arriver)
2. Nous arriverons à l'heure, à moins que nous ______________ dans un embouteillage. (être)
3. Vous êtes surpris que je ______________ faire le couscous? (savoir)
4. Il est parti sans que nous lui ______________ au revoir. (dire)
5. Mes parents sont contents que je ______________ un voyage au Maroc. (faire)
6. Il reste dans les champs jusqu'à ce qu'il ______________ son travail. (finir)
7. Nous regrettons que vous ne ______________ pas vos vacances avec nous. (passer)

Nom ______________________ Date ______________________

P Complétez en utilisant le passé du subjonctif.

1. Est-ce que je suis la seule qui ______________ ce film? (voir)
2. Pourvu qu'il ______________ bien ______________ à table! (se tenir)
3. Il n'y a personne qui ______________ à le faire venir. (réussir)
4. Il n'a pas aimé la plage, bien qu'il ______________ beau. (faire)
5. Ce sont les derniers qui ______________ par ici. (venir)

Q Donnez des ordres à votre copine Laure.

1. Laure voudrait rencontrer ses amis au café.

____

2. Elle doit être polie.

____

3. Elle doit avoir un peu de patience.

____

4. Laure n'est pas sérieuse. Elle n'étudie jamais.

____

5. Elle doit savoir avoir confiance.

____

Answers appear on page 195.

ANSWERS TO SELF-TEST 1

If you made any mistakes on the test, review the corresponding page(s) in your textbook indicated in parentheses under the answers to that section of the test.

A

1. c
2. d
3. b
4. a
5. a

(For question 1, review Chapter 1, *Mots 2,* page 7. For question 2, review Chapter 3, *Mots 1,* pages 52–53. For question 3, review Chapter 4, *Mots 2,* page 83. For questions 4–5, review Chapter 2, *Mots 1,* page 26.)

B

1. distributeur automatique
2. magnétoscope
3. télécarte
4. compartiment
5. contremaître

(For question 1, review Chapter 1, *Mots 1,* page 2. For question 2, review Chapter 2, *Mots 1,* page 27. For question 3, review Chapter 3, *Mots 1,* page 52. For question 4, review Chapter 4, *Mots 1,* page 78. For question 5, review Chapter 2, *Mots 2,* page 30.)

C

1. le pot-au-feu
2. l'indicatif
3. la ligne de banlieue
4. la ville
5. le courrier

(For question 1, review Chapter 2, *Mots 1,* pages 26–27. For question 2, review Chapter 3, *Mots 1,* pages 52–53. For question 3, review Chapter 4, *Mots 1,* page 78 and *Mots 2,* page 82. For question 4, review Chapter 1, *Mots 2,* pages 6–7. For question 5, review Chapter 1, *Mots 1,* page 3; Chapter 2, *Mots 2,* page 30; and Chapter 4, *Mots 1,* page 79.)

D

1. envoient
2. s'asseyent
3. paie
4. emploie
5. s'assied

(For questions 1, 3, 4, review *Les changements d'orthographe avec les verbes comme* envoyer, employer *et* payer, page 13. For questions 2, 5, review *Le verbe* s'asseoir, page 34.)

E

1. nous sommes levé(e)s
2. t'es amusée
3. se sont dépêchés
4. vous êtes dépêchée

(Review *Le passé composé des verbes réfléchis,* page 35.)

F

1. s
2. —, e
3. es
4. —, s

(Review *L'accord du participe passé,* page 12.)

G

1. qui
2. que
3. que
4. qui

(Review *Les pronoms relatifs* qui *et* que, pages 10–11.)

H

1. Il n'a rien envoyé.
2. Personne n'a enregistré le film à la télé.
3. Nous n'avons jamais réservé nos places.
4. Rien ne m'a intéressé.
5. Je n'ai réveillé personne.

(For questions 1, 3, and 5, review *Les expressions négatives au passé composé,* page 38. For questions 2 and 4, review *Personne ne...* et *rien ne...*, page 91.)

I

1. Vous vous téléphonez.
2. Nous nous servons.
3. Elles s'écrivent.
4. Ils se voient.
5. Ils se parlent.

(Review *Les actions réciproques au présent,* page 34.)

J

1. s, —
2. es, es
3. —, —
4. —, s

(Review *Les actions réciproques au passé,* page 37.)

K

1. nous laver
2. me coucher (me lever)
3. se parler
4. t'habiller
5. vous dépêcher

(Review *L'infinitif des verbes réfléchis,* page 65.)

L

1. lisait
2. faisions
3. changeais
4. habitiez, étiez

(Review *L'imparfait,* pages 60–61.)

M

1. venait
2. a pesé
3. se promenait
4. travailliez
5. as fini

(Review *L'imparfait et le passé composé,* page 86.)

N

1. recevaient, allaient
2. avions, étions
3. est arrivé, dînions
4. a regardé, a vu
5. est venu, ai téléphoné

(Review *Deux actions au passé dans la même phrase,* page 89.)

O

1. b
2. c
3. c
4. a
5. c

(For question 1, review *Lecture et Culture,* page 94. For question 2, review Chapter 4, *Mots 2,* page 82. For question 3, review Chapter 3, *Mots 2,* page 56. For question 4, review Chapter 2, *Mots 1,* page 26 or *Lecture et Culture,* page 42. For question 5, review *Lecture et Culture,* page 16.)

ANSWERS TO SELF-TEST 2

If you made any mistakes on the test, review the corresponding page(s) in your textbook indicated in parentheses under the answers to that section of the test.

A

1. natte
2. frange, raie
3. mi-longs, raides
4. frisés
5. courts

(Review Chapter 5, *Mots 1,* pages 114–115.)

B

1. les cils
2. les ongles
3. les cheveux
4. le visage
5. les lèvres

(Review Chapter 5, *Mots 2,* page 117.)

C

1. plâtre
2. points de suture
3. pansement
4. béquilles
5. médicaments, piqûre

(For questions 1, 5, review Chapter 6, *Mots 2,* pages 142–143. For questions 2–4, review Chapter 6, *Mots 1,* pages 138–139.)

D

1. ses bagages à main
2. un oreiller et une couverture
3. le tapis roulant
4. L'équipage

(For questions 1, 2, 4, review Chapter 7, *Mots 1,* pages 164–165. For question 3, review Chapter 7, *Mots 2,* page 168.)

E

1. poste de péage
2. carte routière
3. feu
4. trottoir
5. embouteillage

(For questions 1–2, review Chapter 8, *Mots 1,* page 188. For question 3–5, review Chapter 8, *Mots 2,* pages 192–193.)

F

1. d
2. c
3. e
4. a
5. b

(For questions 1, 2, 4, 5, review Chapter 8, *Mots 1,* pages 188–189. For questions 3–4, review Chapter 8, *Mots 2,* pages 192–193.)

G

1. vit
2. vivent
3. suit
4. suis
5. vivons
6. suivent

(Review *Les verbes* suivre *et* vivre, page 147.)

H

1. des travaux internationaux
2. des cheveux blancs
3. des journaux locaux
4. de beaux châteaux
5. des parcs nationaux

(Review *Le pluriel en* -x, page 124.)

I

1. rapidement
2. vraiment
3. Évidemment
4. complètement
5. couramment

(Review *La formation des adverbes,* pages 200–201.)

J

1. Qu'est-ce qu'
2. ce qu'
3. ce qui
4. Qu'est-ce qui
5. ce que

(Review *Des pronoms interrogatifs et relatifs,* page 146.)

K

1. Lequel, Celui-là
2. Lesquels, Ceux-là
3. Laquelle, Celle-là
4. Lesquelles, Celles-là
5. Laquelle, Celle-là

(Review *Les pronoms interrogatifs et démonstratifs*, pages 121–122.)

L

1.–2. Answers will vary but the verb should be in the present tense.

(Review *Les expressions de temps*, page 125.)

M

1. iront
2. feras
3. verrons
4. saura
5. enverrai
6. viendrez

(For questions 1–2, review *Les verbes* être, faire *et* aller *au futur*, page 174. For questions 3–6, review *Le futur des verbes irréguliers*, page 196.)

N

1. J'irai à Paris quand j'aurai un week-end libre.
2. La coiffeuse me mettra des rouleaux quand elle me fera une mise-en-plis.
3. Les médecins donneront des piqûres quand les infirmières ne pourront pas le faire.

(Review *Le futur après* quand, page 198; *Les verbes* être, faire *et* aller *au futur*, page 174; and *Le futur des verbes irréguliers*, page 196.)

O

1. Oui, il me les explique toujours.
2. Oui, il me les donne.
3. Oui, il me les a montrés.

(Review *Deux pronoms dans la même phrase*, page 175.)

P

1. Il la leur montre.
2. Il les leur a données.
3. Elle le lui apportera.
4. Il les lui distribue.
5. Elle la lui donne.

(Review *Deux pronoms dans la même phrase:* le, la, les *avec* lui, leur, page 199.)

Q

1. Ne me parle pas maintenant!
2. Ne te couche pas de bonne heure.
3. Ne m'expliquez pas ce problème de maths.
4. Ne vous levez pas immédiatement.
5. Ne me prépare pas ce repas, s'il te plaît.
6. Ne nous habillons pas vite!

(Review *Les pronoms avec l'impératif*, pages 148–149.)

R

1. b
2. a
3. c
4. b
5. a

(For question 1, review Chapter 5, *Mots 2*, page 118 and Chapter 6, *Mots 1*, page 138. For question 2, review Chapter 6, *Mots 1*, pages 138–139; Chapter 7, *Mots 2*, page 169; and Chapter 3, *Mots 1*, page 53. For question 3, review Chapter 6, *Mots 1*, pages 138–139. For question 4, review Chapter 6, *Mots 1*, page 138 and Chapter 7, *Mots 2*, page 168. For question 5, review Chapter 8, *Mots 2*, page 193; Chapter 6, *Mots 1*, page 138; and Chapter 5, *Mots 1*, page 115.)

ANSWERS TO SELF-TEST 3

If you made any mistakes on the test, review the corresponding page(s) in your textbook indicated in parentheses under the answers to that section of the test.

A

1. chemise
2. jupe
3. robe (jupe)
4. tee-shirt
5. cravate

(Review Chapter 9, *Mots 2*, page 227.)

B

1. la station de métro
2. le plan du métro
3. un carnet (de tickets)
4. la correspondance
5. le trottoir roulant

(Review Chapter 10, *Mots 1*, pages 248–249.)

C

1. On met des drapeaux français dans les rues le 14 juillet.
2. Hanouka est la fête des Lumières.
3. Les enfants mettent leurs souliers devant la cheminée à Noël.
4. On achète des serpentins pour le jour de l'An.

5. On célèbre le 14 juillet en été.

(For questions 1, 5, review Chapter 11, *Mots 1*, page 272. For questions 2–4, review Chapter 11, *Mots 2*, pages 275–276.)

D

1.–6. Answers will vary but may include the following: *un ordinateur, un projecteur, un écran, une machine à écrire, une machine à traitement de texte, un dictionnaire.*

(Review Chapter 12, *Mots 1*, page 296.)

E

1. livres, cahiers, cartable
2. stylo(-bille)
3. efface, gomme
4. cours, emploi du temps
5. dictionnaire

(Review Chapter 12, *Mots 1*, page 296.)

F

1. Les spectateurs viennent d'applaudir la fanfare.
2. L'élève vient d'apprendre ses leçons.
3. Tu viens de sourire à l'enfant.
4. Nous venons de faire notre lessive.
5. Vous venez d'appuyer sur le bouton.

(Review Venir de, page 259.)

G

1.–5. Answers will vary.

(Review Faire *et un autre verbe*, page 235.)

H

1. rions
2. sourit
3. rire
4. souri
5. sourit

(Review *Les verbes* rire *et* sourire, page 307.)

I

1. 1.687
2. 1.220
3. 5.055
4. 4.240.000
5. 1.978

(Review *Les nombres au-dessus de 1.000*, page 283.)

J

1. mettrais un (mon) imper(méable)
2. prendrait le bus
3. enverrions
4. étudierais
5. danseriez

(Review *Le conditionnel*, page 231.)

K

1. Où attendent-ils le métro? (Ils attendent le métro où? Où est-ce qu'ils attendent le métro?)
2. Qu'est-ce que nous portons (vous portez) à la teinturerie? (Que portons-nous [portez-vous] à la teinturerie?)
3. Quand est la rentrée des classes? (La rentrée des classes est quand?)
4. À qui le marié donne-t-il une alliance? (Le marié donne une alliance à qui? À qui est-ce que le marié donne une alliance?)
5. Comment les soldats défilent-ils? (Les soldats défilent comment? Comment est-ce que les soldats défilent?)

(Review *Les questions*, pages 257–258.)

L

1. Pourquoi le censeur est-il dans les couloirs?
2. Comment allez-vous au lycée?
3. Y a-t-il une laverie automatique dans ce quartier?
4. Quand les Français dansent-ils dans les rues?
5. Combien de cours suis-tu?
6. Est-il amusant de chanter des chants de Noël?
7. Où les copains vont-ils aller pendant les vacances?
8. Qu'y a-t-il sur le tableau noir?

(Review *Les questions*, pages 257–258.)

M

1. Elle en dure huit.
2. ils en reçoivent plusieurs.
3. ils vont en chanter deux ou trois.
4. la famille en a invité.
5. tout le monde en enverra beaucoup.

(For question 4, review *Le pronom* en *avec des personnes*, page 255. For questions 1, 2, 3, 5, review *Le pronom* en in *Bienvenue*, page 471.)

N

1. On s'y lave.
2. Le prof leur en donne.
3. Les amis l'y célèbrent.
4. Ma sœur me le prête.

5. Il la lui offre.

(For questions 1–3, review *Un autre pronom avec* y *ou* en, page 256. For question 4, review *Deux pronoms dans la même phrase,* page 175. For question 5, review *Deux pronoms dans la même phrase:* le, la, les *avec* lui, leur, page 199.)

O

1. fasses la vaisselle
2. mangions
3. réussissent à l'examen
4. rétrécisse
5. apprenne

(Review *Le subjonctif avec les expressions impersonnelles,* page 282. For questions 1–4, review *Le subjonctif,* pages 279–280. For question 5, review *D'autres verbes au présent du subjonctif,* page 304 and *Le subjonctif avec des expressions de volonté,* page 305.)

P

1. passions
2. aille
3. soient
4. laisse
5. prenne

(For questions 1–4, review *Le subjonctif,* pages 279–280. For question 5, review *D'autres verbes au présent du subjonctif,* page 304. For questions 2–5, review *Le subjonctif avec des expressions de volonté,* page 305.)

Q

1. b
2. c
3. a
4. c
5. b
6. a

(For question 1, review *Lecture et Culture,* page 311. For question 2, review *Découverte culturelle,* page 313. For question 3, review *Lecture et culture,* page 286. For question 4, review Chapter 11, *Mots 2,* page 275 and *Lecture et culture,* pages 286–287. For question 5, review Chapter 12, *Mots 2,* page 300. For question 6, review Chapter 9, *Mots 1,* page 225 and *Lecture et culture,* page 238.)

ANSWERS TO SELF-TEST 4

If you made any mistakes on the test, review the corresponding page(s) in your textbook indicated in parentheses under the answers to that section of the test.

A

1. Il a peur.
2. Elles sont surprises.
3. Elle est fâchée.
4. Ils sont tristes.
5. Elle est contente (heureuse).

(Review Chapter 13, *Mots 2,* page 334.)

B

1. doigt
2. pouce
3. joues
4. coudes
5. lèvres

(Review Chapter 13, *Mots 1,* page 330.)

C

1. Il s'essuie les lèvres avec sa serviette. / Il mange la bouche ouverte.
2. Il rompt son morceau de pain avec les doigts. / Il met les coudes sur la table.
3. Il donne sa place à une vieille dame. / Il bouscule tout le monde.

(Review Chapter 13, *Mots 1,* pages 330–331.)

D

1. une dune
2. une caravane
3. une mosquée
4. un souk
5. le couscous

(For questions 1–2, review Chapter 14, *Mots 2,* page 358. For questions 3–5, review Chapter 14, *Mots 1,* pages 354–355.)

E

1. un souk
2. un chott
3. une oasis
4. un hammam
5. un minaret

(For questions 1, 4, 5, review Chapter 14, *Mots 1,* pages 354–355. For questions 2–3, review Chapter 14, *Mots 2,* pages 358–359.)

F

1. récolte
2. entrepose
3. mangent
4. met
5. cultive

(For questions 1, 3, 4, 5, review Chapter 15, *Mots 1,* pages 378–379. For question 2, review Chapter 15, *Mots 2,* page 382.)

G

1. le cheval
2. le cochon
3. le mouton
4. la vache
5. le lapin

(Review Chapter 15, *Mots 1,* pages 378–379.)

H

1. Le directeur dicte des lettres à sa secrétaire.
2. L'avocat(e) défend des clients au tribunal.
3. Le comédien (La comédienne) / L'acteur (L'actrice) joue dans des pièces de théâtre.

4. Le (La) comptable les tient.
5. L'assistante sociale les aide.

(Review Chapter 16, *Mots 1,* pages 402–403.)

I

1. c
2. a
3. d
4. b
5. e

(Review Chapter 16, *Mots 2,* pages 406–407.)

J

1. buvons
2. boivent
3. as bu
4. boit
5. bois

(Review *Le verbe* boire, page 341.)

K

1. Elle a appris l'arabe avant d'aller en Tunisie.
2. Elle étudie le chant pour être chanteuse.
3. Le fermier mange un bon petit déjeuner avant d'aller travailler dans les champs.
4. Il travaille beaucoup pour gagner de l'argent.
5. On finit ce qu'on a dans la bouche avant de parler.

(Review *L'infinitif après les prépositions,* page 364.)

L

puisse
sache
veuille

(Review *Les verbes irréguliers* savoir, pouvoir, vouloir *au présent du subjonctif,* page 339 and *Le subjonctif dans les propositions relatives,* page 410.)

M

1. Je doute qu'il y ait une oasis près d'ici.
2. Il paraît qu'elle a obtenu un poste dans une grande entreprise.
3. Ça m'étonnerait que vous sachiez bien marchander.
4. Il n'est pas certain que nous partions de bonne heure demain matin.
5. Il me semble que vous faites du bon travail.

(For questions 1, 3, 4, review *Le subjonctif avec les expressions de doute,* page 362. For questions 2, 5, review *Les expressions* il me semble que *et* il paraît que, page 364.)

N

1. soit
2. ont
3. connaisse
4. puisse
5. peut

(Review *Le subjonctif dans les propositions relatives,* page 410.)

O

1. arrivions
2. soyons
3. sache
4. disions
5. fasse
6. finisse
7. passiez

(For questions 1, 3, 5, 7, review *Le subjonctif après les expressions d'émotion,* page 340. For questions 2, 4, 6, review *Le subjonctif après des conjonctions,* page 388.)

P

1. aie vu
2. se soit tenu
3. ait réussi
4. ait fait
5. soient venus

(Review *Le passé du subjonctif,* page 386. For questions 1, 3, 5, also review *Le subjonctif après un superlatif,* page 411. For questions 2, 4, also review *Le subjonctif après des conjonctions,* page 388.)

Q

1. Rencontre tes amis au café!
2. Sois polie!
3. Aie un peu de patience!
4. Sois sérieuse!
5. Sache avoir confiance!

(Review *Le subjonctif comme impératif,* page 412.)

STUDENT TAPE MANUAL

STUDENT TAPE MANUAL

TABLE DES MATIÈRES

Nom ______________________________ Date ____________________

CHAPITRE

LA POSTE ET LA CORRESPONDANCE

PREMIÈRE PARTIE

VOCABULAIRE

Mots 1

Activité A Listen.

Activité B Listen and answer.

Modèle:

le 7 octobre

Cher Gabriel,
Salut!
Je m'amuse bien à Antibes!
Affectueusement,
Paul

1. 

2. 

3. 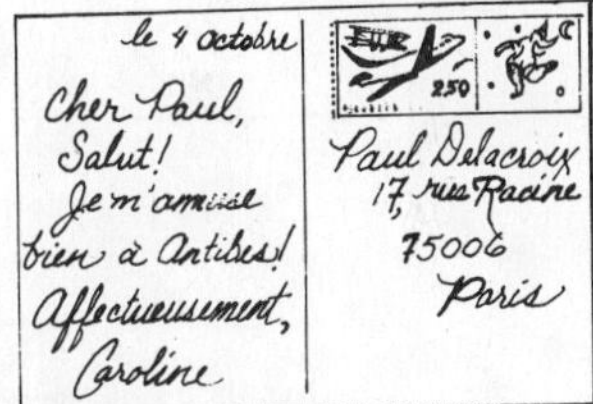

4. 

5. 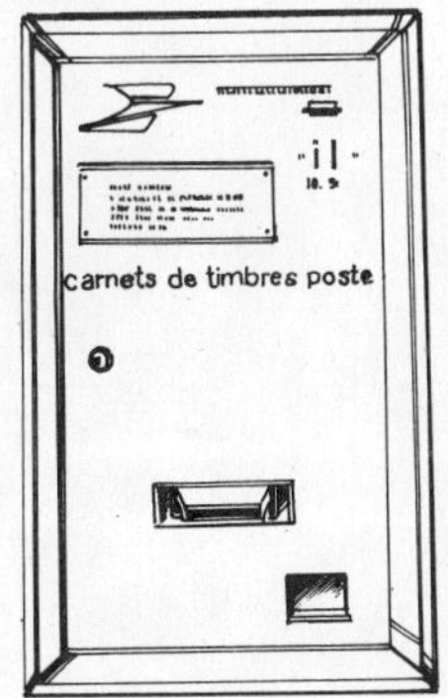

6. 

Nom ______________________________ Date ______________________

Activité C Listen and choose.

1. a b c
2. a b c
3. a b c
4. a b c
5. a b c

Mots 2

Activité D Listen.

Activité E Listen and identify.

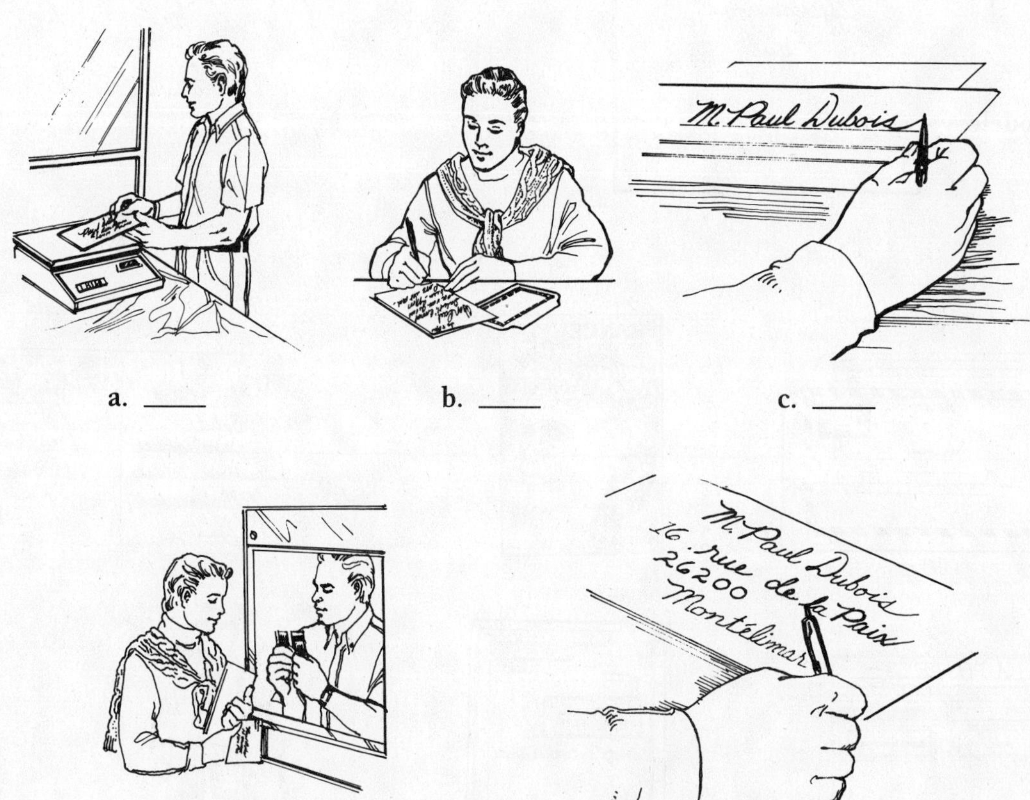

a. ____ b. ____ c. ____

d. ____ e. ____

Activité F Listen and answer.

Nom ______________________________ Date ______________________

STRUCTURE

Activité A Listen and choose.

1. La fille parle. ____ Ma sœur parle. ____
2. Vous avez écrit la lettre. ____ Vous lisez la lettre. ____
3. La table est trop petite. ____ L'enveloppe est trop petite. ____
4. La carte postale est très jolie. ____ Marie est très jolie. ____
5. J'ai envoyé des photos. ____ Tu as envoyé des photos. ____
6. Je viens du Portugal. ____ Le paquet vient du Portugal. ____

Activité B Listen and choose.

	1	2	3	4	5	6
une lettre						
un aérogramme						
l'un ou l'autre						

Activité C Listen and choose.

	1	2	3	4	5	6
une personne						
plusieurs personnes						

CONVERSATION

Activité D Listen.

Activité E Listen and choose.

	1	2	3	4	5	6
vrai						
faux						

Nom ______________________________ Date ____________________

DEUXIÈME PARTIE

Activité A Listen and write.

N° 698 **TÉLÉGRAMME**

FRANCE TÉLÉCOM

Ligne de numérotation

ZCZC

N° télégraphique

Ligne pilote

Étiquettes

Taxe principale. ....

Taxes accessoires ....

Total . . ..

Timbre à date

N° d'appel : ....

INDICATIONS DE TRANSMISSION

N° de la ligne du P.V. : ....

Bureau de destination	Code Postal ou Pays

Bureau d'origine	Mots	Date	Heure	Mentions de service

Services spéciaux demandés : (voir au verso)

Inscrire en **CAPITALES** l'adresse complète (rue, n° bloc, bâtiment, escalier, etc...), le texte et la signature (une lettre par case ; **laisser une case blanche entre les mots**).

Pour accélérer la remise des télégrammes indiquer le numéro de téléphone (1) ou de télex (3) du destinataire

TF____________ TLX____________

Nom et adresse

TEXTE et éventuellement signature très lisible

Pour avis en cas de non-remise, indiquer le nom et l'adresse de l'expéditeur (2) :

726678 Y - Imp. Delmas, 33370 Artigues-p.-Bx.

Nom ________________________ Date ________________

Activité B Listen and choose.

____ ____ ____

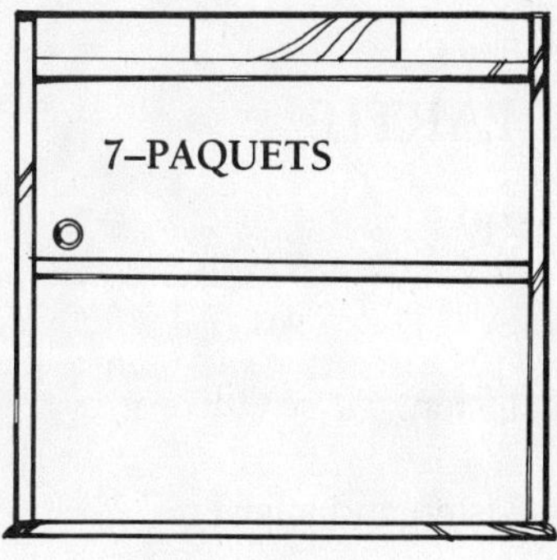

____ ____ ____

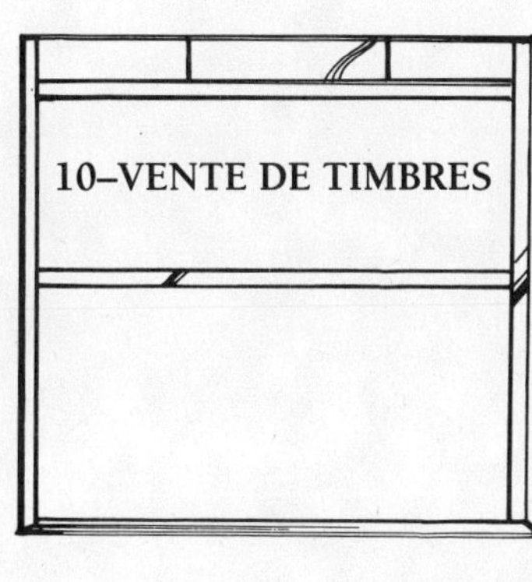

____ ____ ____

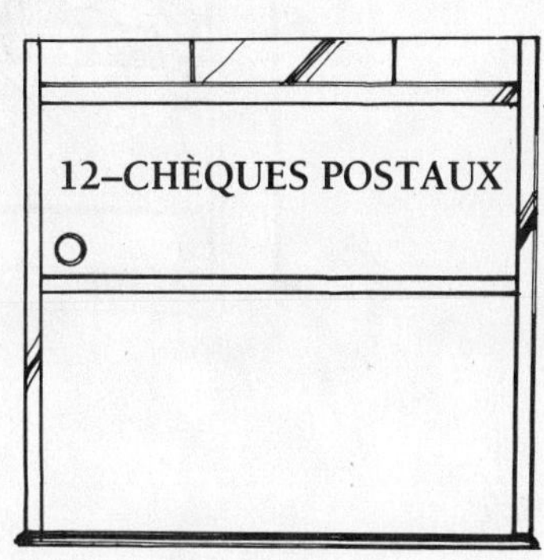

____ ____ ____

Activité C Listen and choose.

	1	2	3	4	5	6
vrai						
faux						

Nom ______________________________ Date ______________________

CHAPITRE

2 FAMILLES

PREMIÈRE PARTIE

VOCABULAIRE

Mots 1

Activité A Listen.

Activité B Listen and answer.

Modèle:

1.

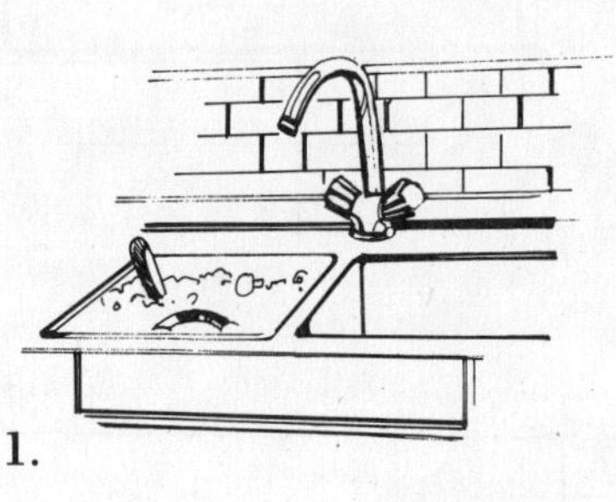

2.

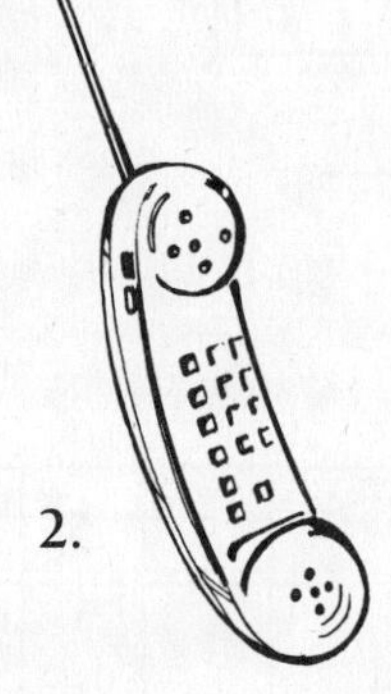

3.

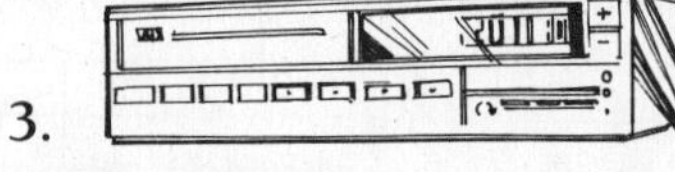

4.

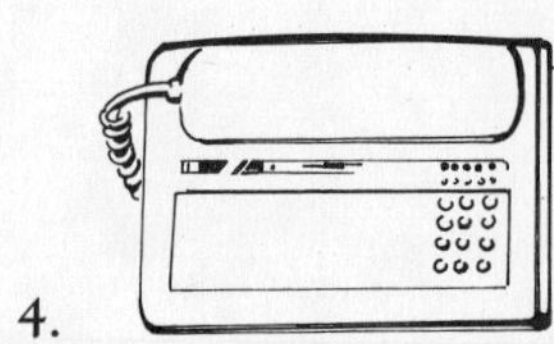

5.

6.

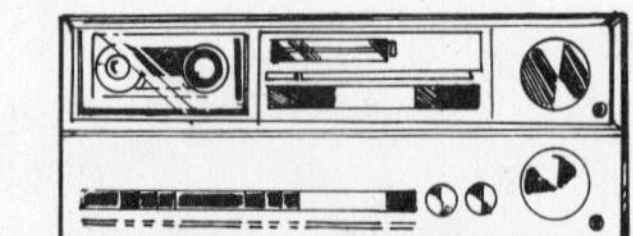

Nom ______________________ Date ______________________

Activité C Listen and choose.

	1	2	3	4	5	6	7
le répondeur automatique							
le téléphone sans fil							
la télécommande							
le téléviseur							
le magnétoscope							
le lave-vaisselle							
le magnétophone							

Mots 2

Activité D Listen.

Activité E Listen and answer.

Activité F Listen and choose.

	1	2	3	4	5	6
à l'usine						
au bureau						

Nom ______________________ Date ______________________

STRUCTURE

Activité A Listen and choose.

	1	2	3	4	5	6
maintenant						
il y a une heure						

Activité B Listen and react.

Activité C Listen.

Activité D Listen and repeat.

Activité E Listen and react.

Activité F Listen and react.

CONVERSATION

Activité G Listen.

Activité H Listen and choose.

	1	2	3	4	5	6
vrai						
faux						

Nom ______________________________ Date ______________________

DEUXIÈME PARTIE

Activité A Listen and choose.

BONNES AFFAIRES

OCCASIONS DIVERSES

• Urgent cause départ étranger vds lave-vaisselle + plaques chauff. 1.000 F. Frigo 1.000 F. Aspirateur (ss gar.) 800 F. canapé cuir 5.000 F. Meubles Ikéa rangt étag. 4.000 F. Sèche-linge 1.500 F. Tondeuse élect. 500 F. Lit 140 (mat. + sommier) table cuis. 400 F. Tél. 39.12.32.34.

a. ____ ____

• Répondeur int à dist 450 F. Tél. ss fil 300 F. Fax 2.100 F. ht photocopieur 3.490 F ht matériel garantie Tél. 43.42.44.40.

b. ____ ____

• Répondeur 250 F. Vds télé couleur 50 cm, Sharp télécom. prise Péritel, tuner neuf (fact.) 2.000 F. Tél. ap. 19h 30.57.49.25.

c. ____ ____

• Vds aquarium 200L tbe tt équipé + table px 1.100 F. Tél. 30.69.88.89 journ.

d. ____ ____

• Vds télé Saba 35cm coins carrés écran plat 2.000 F. + aquarium 450l avec décors + équipement 2.000 F. + lecteur cd Denon dcd 820 1.800 F. + chaîne Hifi Yamaha à débattre Tél. 30.43.79.61.

e. ____ ____

• Vds urgent cause départ chaine hifi Denon 5.000 F. un seul bloc ampli 2x50 enc 2x10w dble k7 cd tuner équalizer + Tél. très nombreuses fonctions Tél. 30.51.19.43.

f. ____ ____

Nom _______________________________ Date _______________

Activité B Listen and circle.

18.55 COUCOU, C'EST NOUS!
Émission proposée et animée par Christophe Dechavanne.

19.50 LE BÉBÊTE SHOW

20.00 JOURNAL
Présentation: Patrick Poivre d'Arvor.

20.38 LE SOURIRE DU JOUR

20.40 Météo

20.45 MYSTÈRES
Émission proposée par Philip Plaisance. Présentation: Alexandre Baloud.

22.45 K 9000
Film TV de Kim Manners. Scénario: Steven de Souza. Musique: Jan Hammer.
Avec: ***Chris Mulkey, Catherine Oxenberg, Dennis Haysbert, Judson Scott.***
Inspecteur Eddie Monroe est une véritable arme fatale. Il connaît parfaitement les hommes et l'art de mettre les pires crapules hors d'état de nuire. Son point faible: certaines méthodes jugées peu orthodoxes. Sa dernière équipée sauvage s'étant terminée dans la vitrine d'un grand magasin, il est aussitôt affecté à la circulation quand un ancien agent des services secrets américains, Anton Zeiss, vole l'invention ultra-secrète de l'Institut Piper, le K 9000. Eddie est alors rappelé au service actif et joue sa carrière.

0.20 MIKE HAMMER

1.15 FLASH
Également à 2.15 - 3.10 - 3.40 - 4.15.

1.22 MÉTÉO

1.24 BOURSE

1.25 LA NUIT SUR TF1
7 sur 7
Reprise du dimanche 20 décembre.

2.20 L'ÉQUIPE COUSTEAU EN AMAZONIE

3.15 CÔTÉ CŒUR

3.45 HISTOIRES NATURELLES

4.25 L'AVENTURE DES PLANTES

4.50 MUSIQUE

5.05 LES AVENTURES DE JEUNE PATRICK PACARD

18.40 LE TÉLÉJACK

18.45 LE JEU

19.20 QUE LE MEILLEUR GAGNE PLUS
Jeu. Présentation: Nagui.

19.55 LE TÉLÉJACK

20.00 JOURNAL
Présentation: Hervé Claude

20.35 JOURNAL DES COURSES

20.40 Météo

20.50 TIERCÉ GAGNANT
Pièce de théâtre d'André Frédérick, mise en scène de John Chapman.

22.55 SAVOIR PLUS
LES EXTRATERRESTRES NOUS PARLENT
François de Closets, Patrick Hesters (spécialiste scientifique de la rédaction), accompagnés du professeur Heidmann, astronome à l'Observatoire de Paris-Meudon, abordent l'une des questions que l'humanité se pose: Sommes-nous seuls dans l'univers? Le 12 octobre dernier, les Américains lançaient le plus formidable programme d'écoute de l'univers, le SETI, doté de radiotélescopes pour capter des ondes radios venant d'autres planètes. L'équipe de Puissance 40 poursuivra son enquête sur les mystères liés aux océans: comment les Polynésiens ont-ils découvert les îles de l'océan Pacifique? Le Triangle des Bermudes est-il une légende? Jacques Villeret sera le candide de l'émission.

0.20 JOURNAL

0.35 MÉTÉO

0.37 VISAGES D'EUROPE

0.40 LE CERCLE DE MINUIT
Invités: **Claude Brasseur, Claude Rich, Julien Clerc et Étienne Roda-Gil.**

1.50 LA NUIT SUR FRANCE 2
HISTOIRES COURTES

2.05 BOUILLON DE CULTURE

3.25 VOLTIGEUR DU MONT-BLANC

3.45 NAM NOUM, L'ENFANT THAÏLANDAIS

4.15 INFO

4.35 LA CHANCE AUX CHANSONS

5.25 BEAUMANOIR

18.55 UN LIVRE, UN JOUR
«Chronique du cinéma», ouvrage élaboré sous la direction de **Jacques Legrand et Pierre Lherminier** (Éd. Chronique); «Histoire du cinéma français 1966/1970», de **Maurice Bessy et Raymond Chirat** (Éd. Pygmalion).

19.00 LE 19-20 DE L'INFORMATION
19.10 ACTUALITÉS RÉGIONALES

19.35 LE 19-20 DE L'INFORMATION

19.55 L'ACTUALITÉ RÉGIONALE EN IMAGES

20.05 HUGO DÉLIRE

20.15 LA CLASSE
Les élèves permanents: **Olivier Lejeune, Muriel Montossey, Chantal Ladessou, Blaize, El Chato, Devaux, Pompon, Bézu, Timbre Poste.**

20.40 HUGO DÉLIRE

20.45 LA GUERRE DES ÉTOILES
Un film de George Lucas (1977) États-Unis. Science-fiction. Durée 2h15.

20.50 JOURNAL
Présentation: Christine Ockrent.

23.20 À VOS AMOURS
Émission proposée par Caroline Tresca et Jean-Éric Macherey. Présentation: Caroline Tresca.

0.05 ZAMFIR OU LA PRIÈRE DU SOIR
Document de Paul Barba-Negra.
On l'appelle le génie de la flûte de pan. Ce musicien roumain, qui a vendu plus de vingt millions de disques dans le monde entier, est enfin reconnu dans son pays—qu'il a quitté en 1982—à la hauteur de son talent. Enchaînant disques et concerts depuis de nombreuses années, il nous livre ce soir les clés essentielles et la beauté de son instrument et de sa musique.

1.00 PORTÉE DE NUIT
HENRI DUTILLEUX

1.15 FIN

Nom ______________________________ Date ______________________

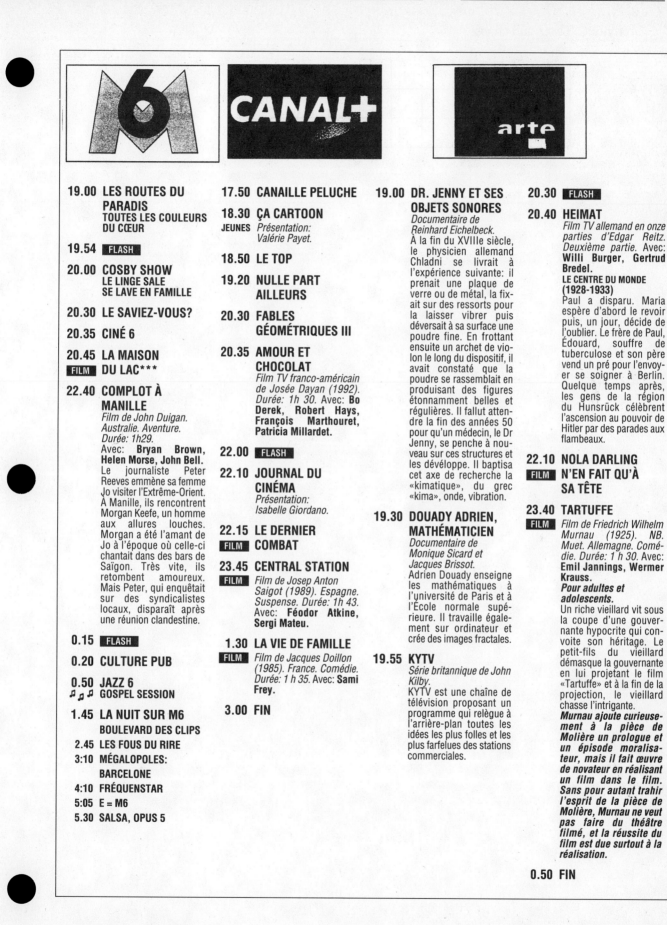

19.00 LES ROUTES DU PARADIS
TOUTES LES COULEURS DU CŒUR

19.54 FLASH

20.00 COSBY SHOW
LE LINGE SALE SE LAVE EN FAMILLE

20.30 LE SAVIEZ-VOUS?

20.35 CINÉ 6

20.45 LA MAISON
FILM **DU LAC*****

22.40 COMPLOT À MANILLE
Film de John Duigan. Australie. Aventure. Durée: 1h29. Avec: **Bryan Brown, Helen Morse, John Bell.** Le journaliste Peter Reeves emmène sa femme Jo visiter l'Extrême-Orient. À Manille, ils rencontrent Morgan Keefe, un homme aux allures louches. Morgan a été l'amant de Jo à l'époque où celle-ci chantait dans des bars de Saïgon. Très vite, ils retombent amoureux. Mais Peter, qui enquêtait sur des syndicalistes locaux, disparaît après une réunion clandestine.

0.15 FLASH

0.20 CULTURE PUB

0.50 JAZZ 6
♫♫♫ GOSPEL SESSION

1.45 LA NUIT SUR M6
BOULEVARD DES CLIPS
2.45 LES FOUS DU RIRE
3:10 MÉGALOPOLES: BARCELONE
4:10 FRÉQUENSTAR
5:05 E = M6
5.30 SALSA, OPUS 5

17.50 CANAILLE PELUCHE

18.30 ÇA CARTOON
JEUNES *Présentation: Valérie Payet.*

18.50 LE TOP

19.20 NULLE PART AILLEURS

20.30 FABLES GÉOMÉTRIQUES III

20.35 AMOUR ET CHOCOLAT
Film TV franco-américain de Josée Dayan (1992). Durée: 1h 30. Avec: **Bo Derek, Robert Hays, François Marthouret, Patricia Millardet.**

22.00 FLASH

22.10 JOURNAL DU CINÉMA
Présentation: Isabelle Giordano.

22.15 LE DERNIER
FILM **COMBAT**

23.45 CENTRAL STATION
FILM *Film de Josep Anton Saigot (1989). Espagne. Suspense. Durée: 1h 43.* Avec: **Féodor Atkine, Sergi Mateu.**

1.30 LA VIE DE FAMILLE
FILM *Film de Jacques Doillon (1985). France. Comédie. Durée: 1 h 35.* Avec: **Sami Frey.**

3.00 FIN

19.00 DR. JENNY ET SES OBJETS SONORES
Documentaire de Reinhard Eichelbeck.
À la fin du XVIIIe siècle, le physicien allemand Chladni se livrait à l'expérience suivante: il prenait une plaque de verre ou de métal, la fixait sur des ressorts pour la laisser vibrer puis déversait à sa surface une poudre fine. En frottant ensuite un archet de violon le long du dispositif, il avait constaté que la poudre se rassemblait en produisant des figures étonnamment belles et régulières. Il fallut attendre la fin des années 50 pour qu'un médecin, le Dr Jenny, se penche à nouveau sur ces structures et les développe. Il baptisa cet axe de recherche la «kimatique», du grec «kima», onde, vibration.

19.30 DOUADY ADRIEN, MATHÉMATICIEN
Documentaire de Monique Sicard et Jacques Brissot.
Adrien Douady enseigne les mathématiques à l'université de Paris et à l'École normale supérieure. Il travaille également sur ordinateur et crée des images fractales.

19.55 KYTV
Série britannique de John Kilby.
KYTV est une chaîne de télévision proposant un programme qui relègue à l'arrière-plan toutes les idées les plus folles et les plus farfelues des stations commerciales.

20.30 FLASH

20.40 HEIMAT
Film TV allemand en onze parties d'Edgar Reitz. Deuxième partie. Avec: **Willi Burger, Gertrud Bredel.**
LE CENTRE DU MONDE (1928-1933)
Paul a disparu. Maria espère d'abord le revoir puis, un jour, décide de l'oublier. Le frère de Paul, Édouard, souffre de tuberculose et son père vend un pré pour l'envoyer se soigner à Berlin. Quelque temps après, les gens de la région du Hunsrück célèbrent l'ascension au pouvoir de Hitler par des parades aux flambeaux.

22.10 NOLA DARLING
FILM **N'EN FAIT QU'À SA TÊTE**

23.40 TARTUFFE
FILM *Film de Friedrich Wilhelm Murnau (1925). NB. Muet. Allemagne. Comédie. Durée: 1 h 30.* Avec: **Emil Jannings, Wermer Krauss.**
Pour adultes et adolescents.
Un riche vieillard vit sous la coupe d'une gouvernante hypocrite qui convoite son héritage. Le petit-fils du vieillard démasque la gouvernante en lui projetant le film «Tartuffe» et à la fin de la projection, le vieillard chasse l'intrigante.
Murnau ajoute curieusement à la pièce de Molière un prologue et un épisode moralisateur, mais il fait œuvre de novateur en réalisant un film dans le film. Sans pour autant trahir l'esprit de la pièce de Molière, Murnau ne veut pas faire du théâtre filmé, et la réussite du film est due surtout à la réalisation.

0.50 FIN

Nom ______________________________ Date ____________________

Activité C Listen and choose.

	1	2	3	4	5	6	7	8
vrai								
faux								

Nom ______________________ Date ______________________

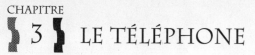

CHAPITRE 3

LE TÉLÉPHONE

PREMIÈRE PARTIE

VOCABULAIRE

Mots 1

Activité A Listen.

Activité B Listen and answer.

1. 

2. 

3. 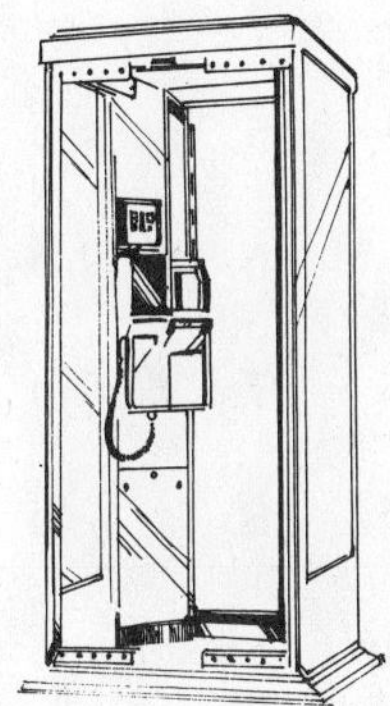

4. 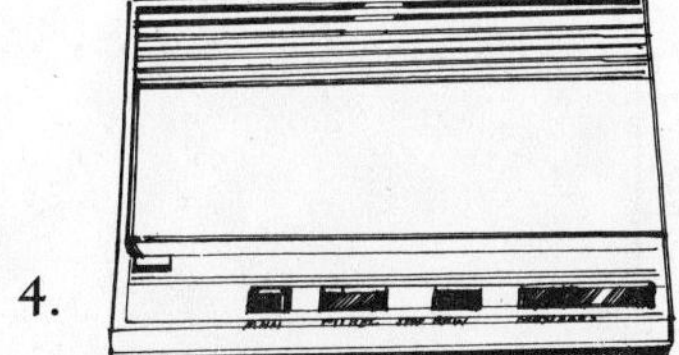

5. 

6. 

Nom ______________________ Date ______________________

Activité C Listen and answer.

Mots 2

Activité D Listen.

Activité E Listen and choose.

1. a b c
2. a b c
3. a b c
4. a b c
5. a b c
6. a b c
7. a b c
8. a b c

Activité F Listen.

Activité G Listen and repeat.

Activité H Listen and react.

STRUCTURE

Activité A Listen and choose.

	1	2	3	4	5	6	7	8
maintenant								
avant								

Activité B Listen.

Activité C Listen and repeat.

Activité D Listen and react.

CONVERSATION

Activité E Listen.

Nom ______________________________ Date ______________________

Activité F Listen and choose.

	1	2	3	4	5	6
vrai						
faux						

DEUXIÈME PARTIE

Activité A Listen and choose.

attendre ____ laisser un message ____

vérifier le numéro ____ raccrocher ____

refaire le numéro ____

Activité B Listen and write.

Destiné à M ______________________

Le: [ ] à [| | |] h

M ______________________

❒ a téléphoné ❒ est passé

❒ demande que vous le rappeliez

❒ au N° ______________

❒ vous rappellera

❒ a laissé le message suivant:

____

____

____

____

____

Message reçu par: ______________

Activité C Listen and choose.

	1	2	3	4	5	6	7	8
vrai								
faux								

Nom ______________________ Date ______________________

CHAPITRE 4

«EN VOITURE!»—HIER ET AUJOURD'HUI

PREMIÈRE PARTIE

VOCABULAIRE

Mots 1

Activité A Listen.

Activité B Listen and answer.

Activité C Listen.

Activité D Listen and repeat.

Activité E Listen and react.

Nom ______________________ Date ______________________

Mots 2

Activité F Listen.

Activité G Listen and answer.

1. 2. 3.

4.

5.

Activité H Listen and answer.

STRUCTURE

Activité A Listen and choose.

	1	2	3	4	5	6	7
J'ai travaillé!							
Je travaillais!							

Nom ______________________________ Date ______________________

Activité B Listen and answer.

Modèle:

1. 

2. 

3. 

4. 

5. 

6. 

Nom ______________________ Date ______________________

Activité C Listen and answer.

Modèle:

1.

4.

2.

5.

3.

6.

Activité D Listen and answer.

CONVERSATION

Activité E Listen.

Activité F Listen and choose.

	1	2	3	4	5	6
vrai						
faux						

DEUXIÈME PARTIE

Activité A Listen and choose.

	1	2	3	4	5
à la consigne					
dans le fourgon à bagages					
au bureau de location					
dans le compartiment					
à la voiture-restaurant					

Activité B Listen and circle.

PARIS ➧ BORDEAUX ➧ TARBES

HORAIRES

Nº du TGV	2076	1040	A36	9317	L122	M847	2220	165B	111D	7004	0327	6813
Paris-Montparnasse 1-2	6.55	7.05	8.10	8.15	10.00	10.45	11.55	12.45	13.55	14.00	15.25	15.55
Massy TGV	7.05											
Saint-Pierre-des-Corps	7.56					11.41			14.51		16.21	
Châtellerault	8.26								15.21			
Poitiers	8.43			9.44		12.22	13.21	14.13	15.38		17.01	
Angoulême	9.29			10.29		13.06	14.06	14.59	16.26		17.48	
Libourne				11.09		13.48					18.28	
Bordeaux	10.25	9.59	11.06	11.29	12.57	14.08	15.04	15.55	17.22	16.58	18.48	18.53
Dax	11.35		12.17		a			17.06		18.08		20.02
Orthez	•				a							20.33
Pau	12.21		13.08		a					18.59		20.43
Lourdes	12.47		13.34		a					19.25		20.56
Tarbes	13.05		13.52		a					19.42		21.09

Activité C Listen and choose.

	1	2	3	4	5	6	7	8
vrai								
faux								

Nom ______________________________ Date ______________________

CHAPITRE

5 LA COIFFURE

PREMIÈRE PARTIE

VOCABULAIRE

Mots 1

Activité A Listen.

Activité B Listen and answer.

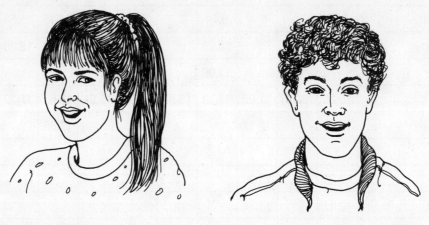

Activité C Listen and draw.

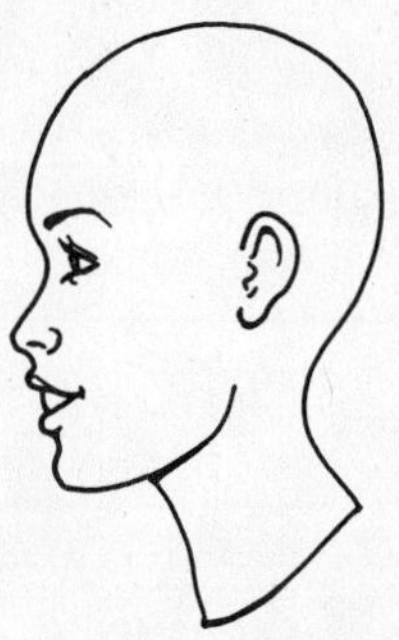

1. Véronique

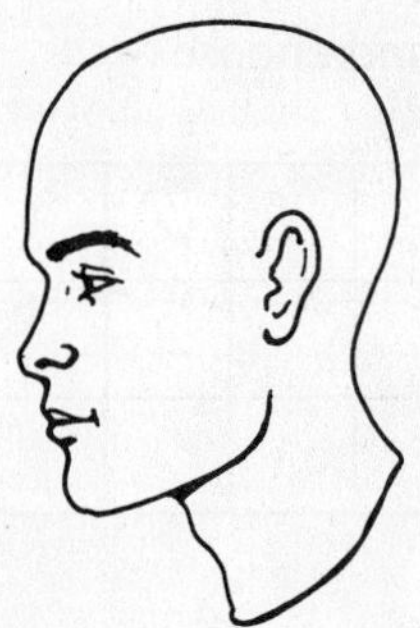

2. Olivier

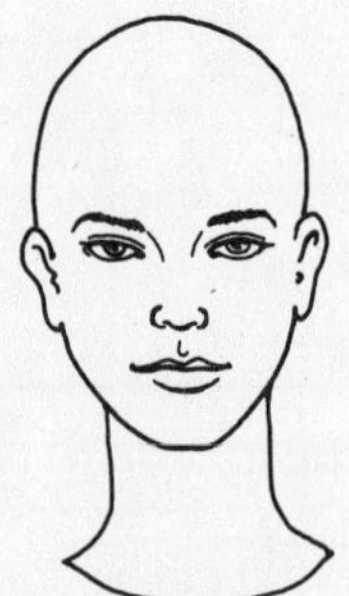

3. Lucie

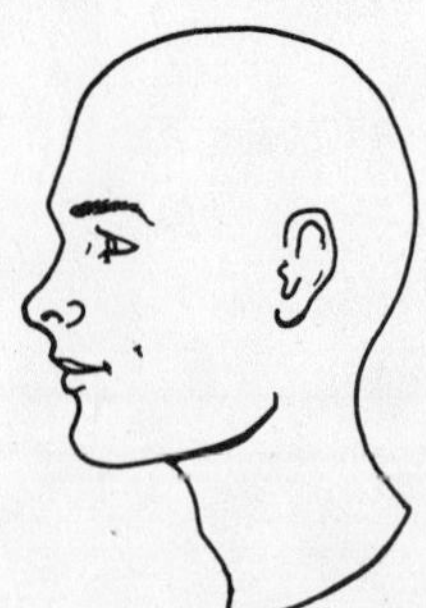

4. Christian

Nom_______________________________________ Date ___________________________

Mots 2

Activité D Listen.

Activité E Listen and answer.

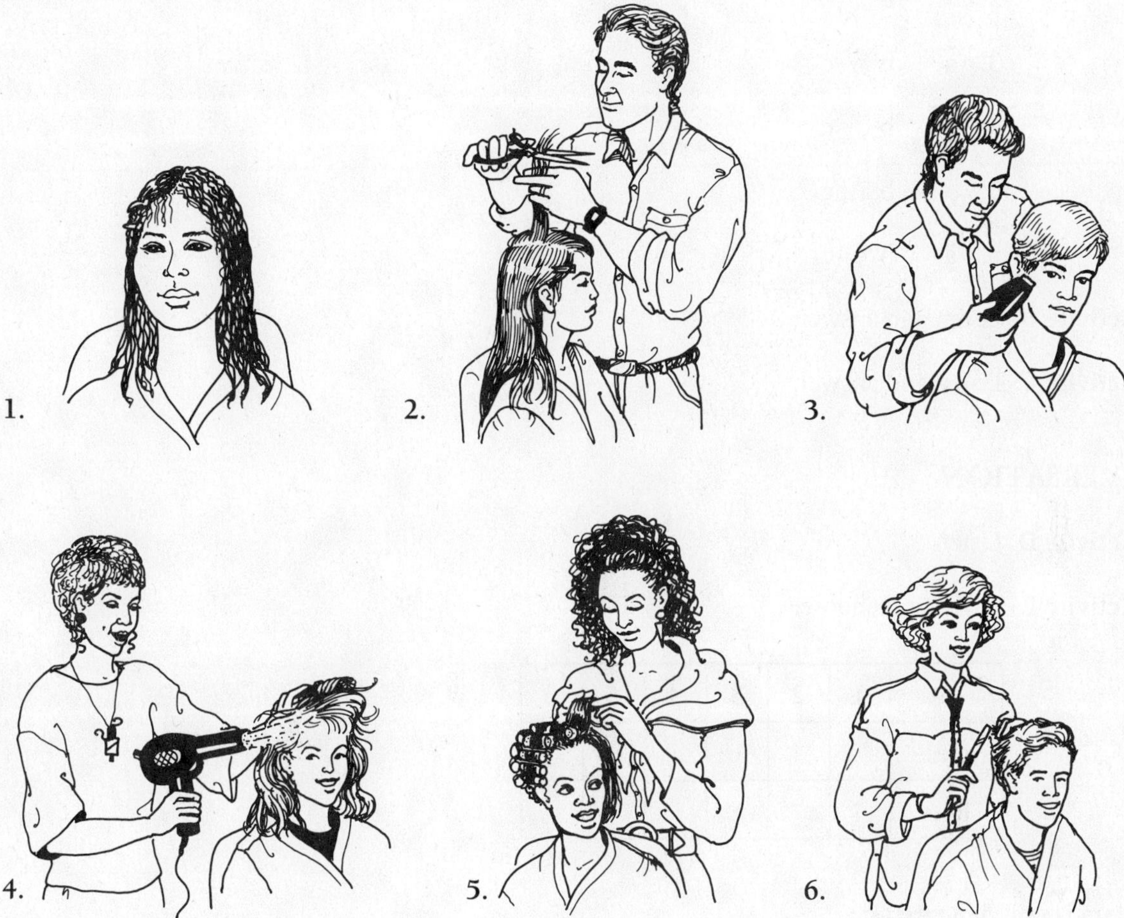

Activité F Listen and choose.

	1	2	3	4	5	6	7	8	9
pour les hommes									
pour les femmes									
pour les deux									

Nom ______________________ Date ______________

STRUCTURE

Activité A Listen and choose.

1. a b c
2. a b c
3. a b c
4. a b c
5. a b c
6. a b c

Activité B Listen and answer.

Activité C Listen and answer.

CONVERSATION

Activité D Listen.

Activité E Listen and choose.

	1	2	3	4	5	6
vrai						
faux						

DEUXIÈME PARTIE

Activité A Listen and choose.

	1	2	3	4	5	6	7
un shampooing							
un parfum							
une laque							
un rouge à lèvres							
une crème pour le visage							
un talc							
un mascara							

Nom ______________________ Date ______________________

Activité B Listen and choose.

1. ____ 2. ____ 3. ____

Activité C Listen and choose.

	1	2	3	4	5	6	7	8
vrai								
faux								

Nom ________________________________ Date ____________________

CHAPITRE

UN ACCIDENT ET L'HÔPITAL

PREMIÈRE PARTIE

VOCABULAIRE

Mots 1

Activité A Listen.

Activité B Listen and answer.

1.

2.

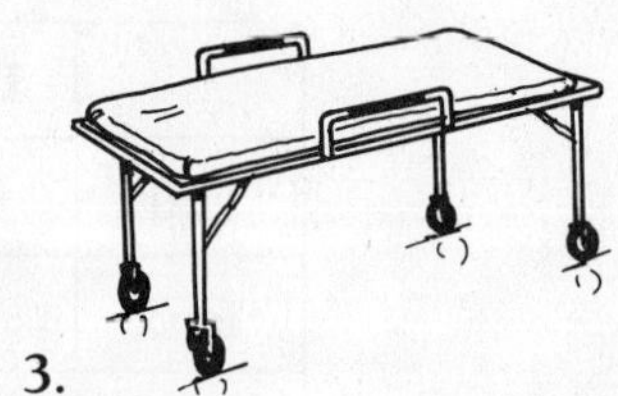

3.

4.

5.

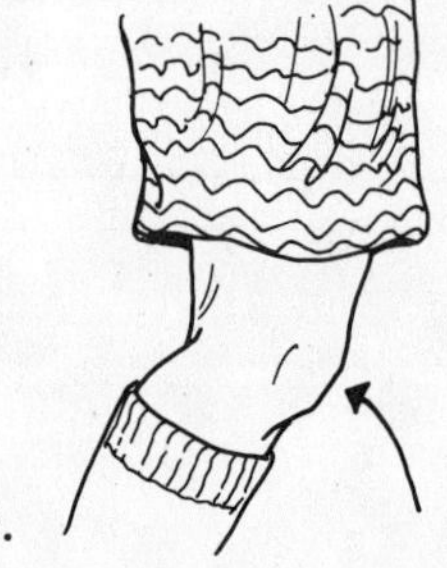

6.

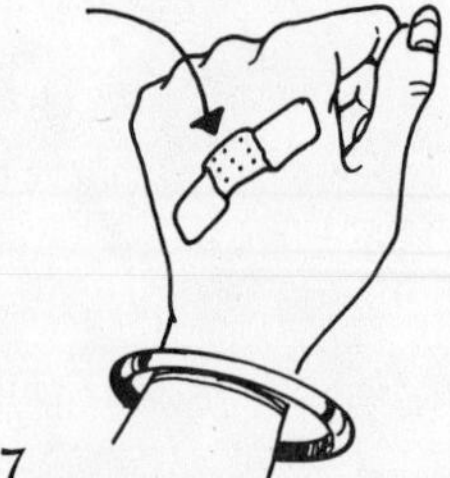

7.

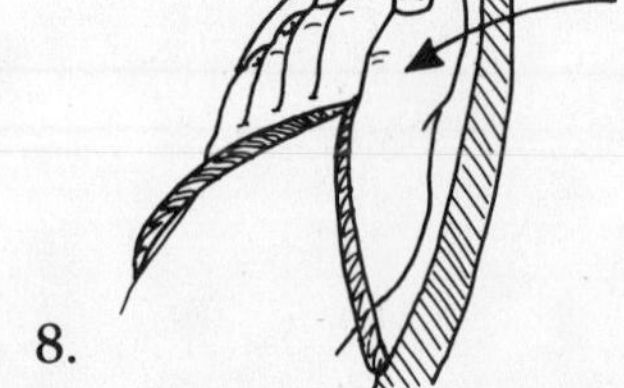

8.

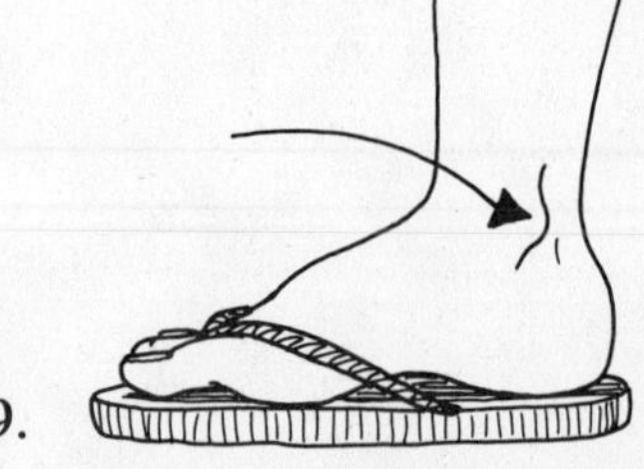

9.

Nom ______________________ Date ______________

Activité C Listen and choose.

	1	2	3	4	5
Il s'est cassé le bras.					
Il s'est cassé les deux jambes.					
Il s'est coupé le doigt.					
Il s'est foulé la cheville.					
Il s'est tordu le doigt de pied.					

Mots 2

Activité D Listen.

Activité E Listen and choose.

1. a b c
2. a b c
3. a b c
4. a b c
5. a b c
6. a b c
7. a b c
8. a b c

Activité F Listen and choose.

On va lui mettre un plâtre. ____

On va lui faire une radio. ____

On va lui faire un pansement. ____

On va lui donner un fauteuil roulant. ____

On va lui donner des béquilles. ____

On va lui faire une piqûre. ____

Nom ______________________ Date ______________________

STRUCTURE

Activité A Listen and answer.

Activité B Listen and answer.

Activité C Listen and answer.

Activité D Listen and answer.

CONVERSATION

Activité E Listen.

Activité F Listen and choose.

	1	2	3	4	5	6	7
vrai							
faux							

DEUXIÈME PARTIE

Activité A Listen and choose.

	1	2	3	4	5	6
dans la salle d'opération						
dans la salle des urgences						
dans le service radiologie						
dans une chambre d'hôpital						

Nom ______________________________ Date ______________________

Activité B Listen and choose.

1. ____ 2. ____

3. ____

Activité C Listen and choose.

	1	2	3	4	5	6	7	8
vrai								
faux								

Nom ______________________________ Date ______________________

CHAPITRE

7 DE LA MARTINIQUE À PARIS EN AVION

PREMIÈRE PARTIE

VOCABULAIRE

Mots 1

Activité A Listen.

Activité B Listen and answer.

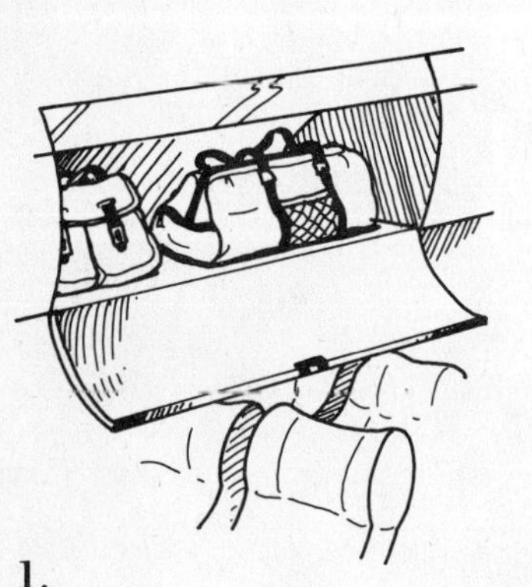

1.

2.

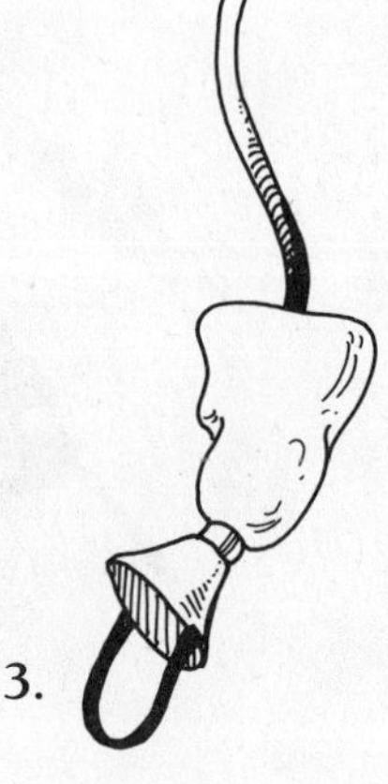

3.

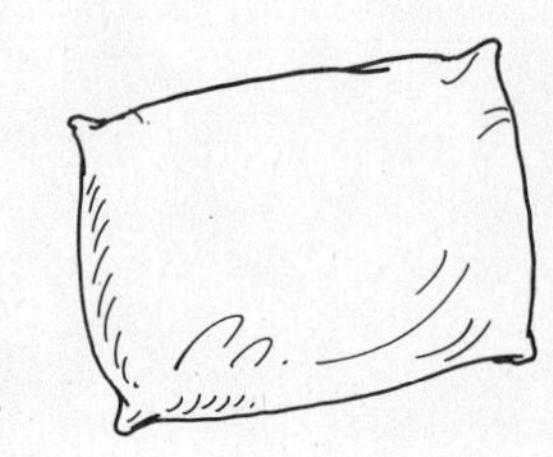

4.

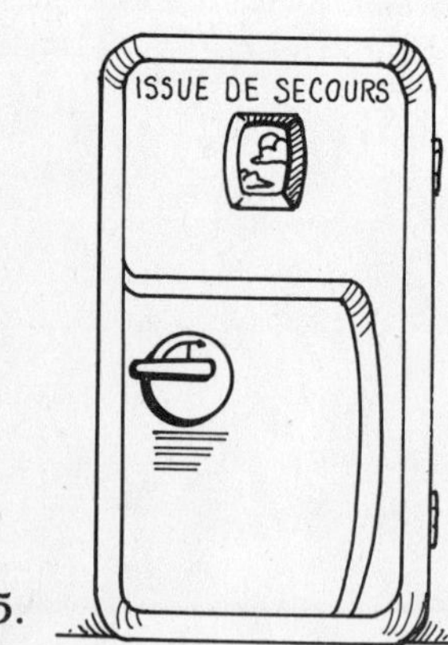

5.

6.

7.

Nom ______________________ Date ______________

Activité C Listen and choose.

1. a b c
2. a b c
3. a b c
4. a b c
5. a b c
6. a b c
7. a b c
8. a b c
9. a b c

Activité D Listen and choose.

À quelqu'un qui a froid ____

À quelqu'un qui a faim ____

À quelqu'un qui a soif ____

À quelqu'un qui a sommeil ____

À quelqu'un qui veut écouter de la musique ____

À quelqu'un qui éternue ____

Mots 2

Activité E Listen.

Nom ______________________________ Date ______________________

Activité F Listen and answer.

1. 

2. 

3. 

4. 

5. 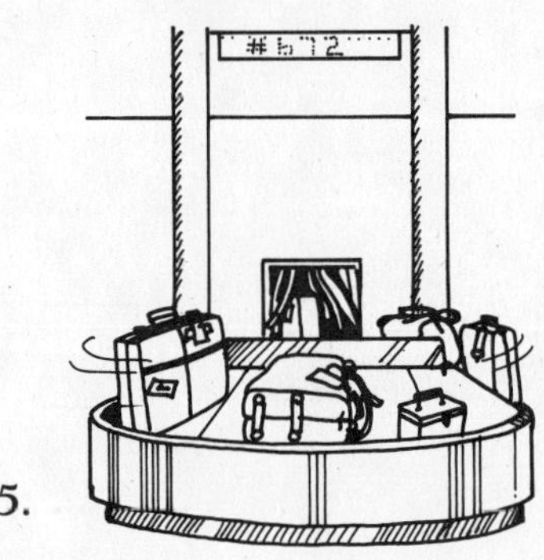

6. 

Activité G Listen and answer.

STRUCTURE

Activité A Listen and react.

Nom ______________________ Date ______________

Activité B Listen and choose.

	1	2	3	4	5	6
aller						
être						
faire						

Activité C Listen and choose.

Il me l'a donné. ____

Il me l'a donnée. ____

Il me les a donnés. ____

Il me les a données. ____

Elle me l'a servi. ____

Elle me l'a servie. ____

Elle me les a servis. ____

Elle me les a servies. ____

CONVERSATION

Activité D Listen.

Activité E Listen and choose.

	1	2	3	4	5	6	7	8
vrai								
faux								

Nom ____________________ Date ____________________

DEUXIÈME PARTIE

Activité A Listen and choose.

APÉRITIF
DÎNER
BALLOTTINE DE FRUITS DE MER
LONGE DE VEAU À LA CRÈME AUX HERBES
BOUQUETIÈRE DE PETITS LÉGUMES
SALADE DE SAISON
FROMAGE
PÂTISSERIE
CAFÉ DE COLOMBIE

1. ____

APÉRITIF
DÎNER
SAUMON FUMÉ DE NORVÈGE
CURRY D'AGNEAU AUX POMMES
RIZ BASMATI À LA JULIENNE DE LÉGUMES
SALADE DE SAISON
FROMAGE
GÂTEAU CASINO

2. ____

Nom ______________________________ Date ____________________

Activité B Listen and choose.

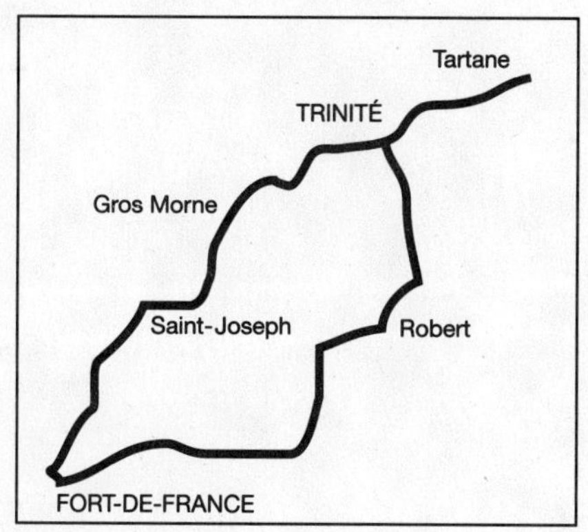

1. ____

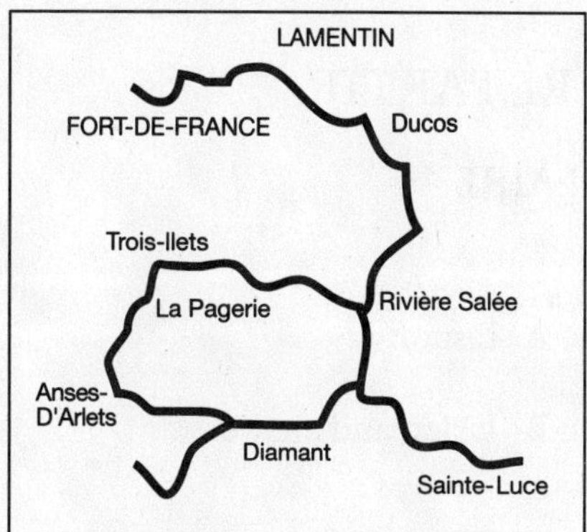

2. ____

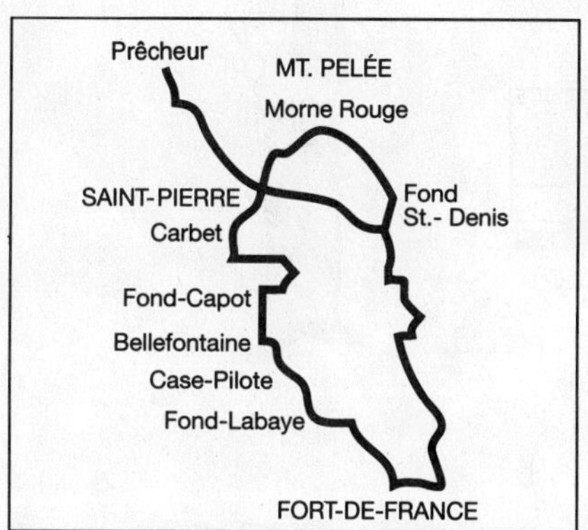

3. ____

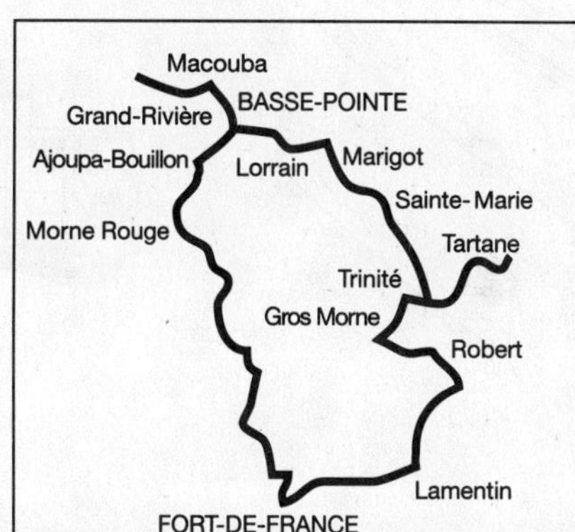

4. ____

Activité C Listen and choose.

	1	2	3	4	5	6	7	8
vrai								
faux								

Nom _______________________________ Date _______________________

CHAPITRE

8 EN ROUTE

PREMIÈRE PARTIE

VOCABULAIRE

Mots 1

Activité A Listen.

Activité B Listen and answer.

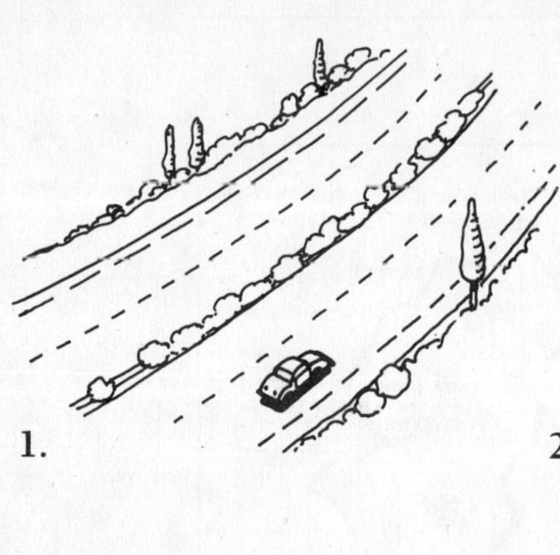

1.

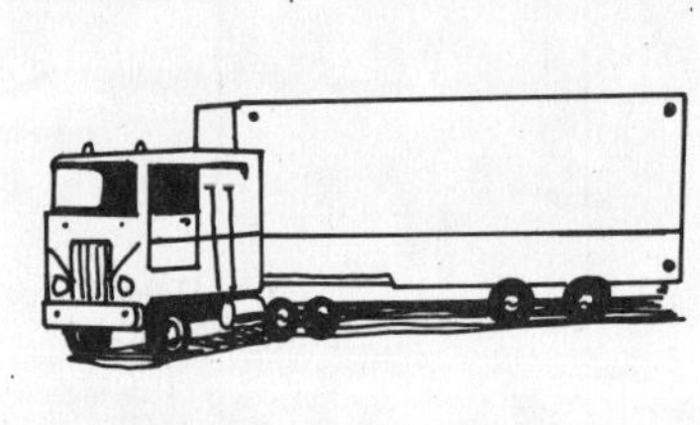

2.

3.

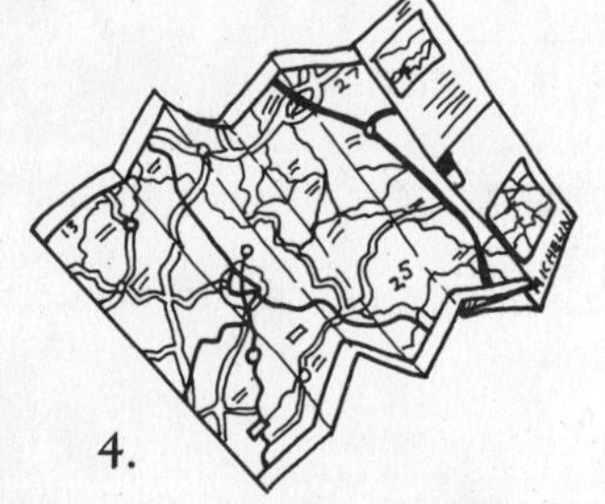

4.

5.

6.

7.

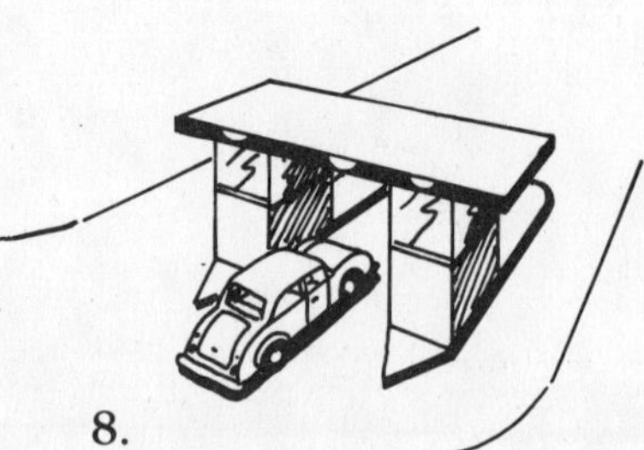

8.

Activité C Listen and choose.

rouler moins vite	____
rouler plus vite	____
les heures où il y a beaucoup de circulation	____
les endroits où il y a beaucoup de circulation	____
ce qu'il y a à l'entrée de l'autoroute	____
passer d'une voie à une autre sur l'autoroute	____
dépasser une voiture qui roule dans le même sens	____
la personne qui surveille la circulation sur l'autoroute	____
le contraire de *permis, autorisé*	____
celui qui conduit une voiture	____

Mots 2

Activité D Listen.

Activité E Listen and answer.

1. 

2. 

3. 

4. 

5. 

Nom ______________________________ Date ______________________

Activité F Listen and answer.

STRUCTURE

Activité A Listen and choose.

	1	2	3	4	5	6	7	8	9	10
aller										
avoir										
devoir										
envoyer										
pouvoir										
recevoir										
savoir										
venir										
voir										
vouloir										

Nom ________________________________ Date ____________________

Activité B Listen and draw.

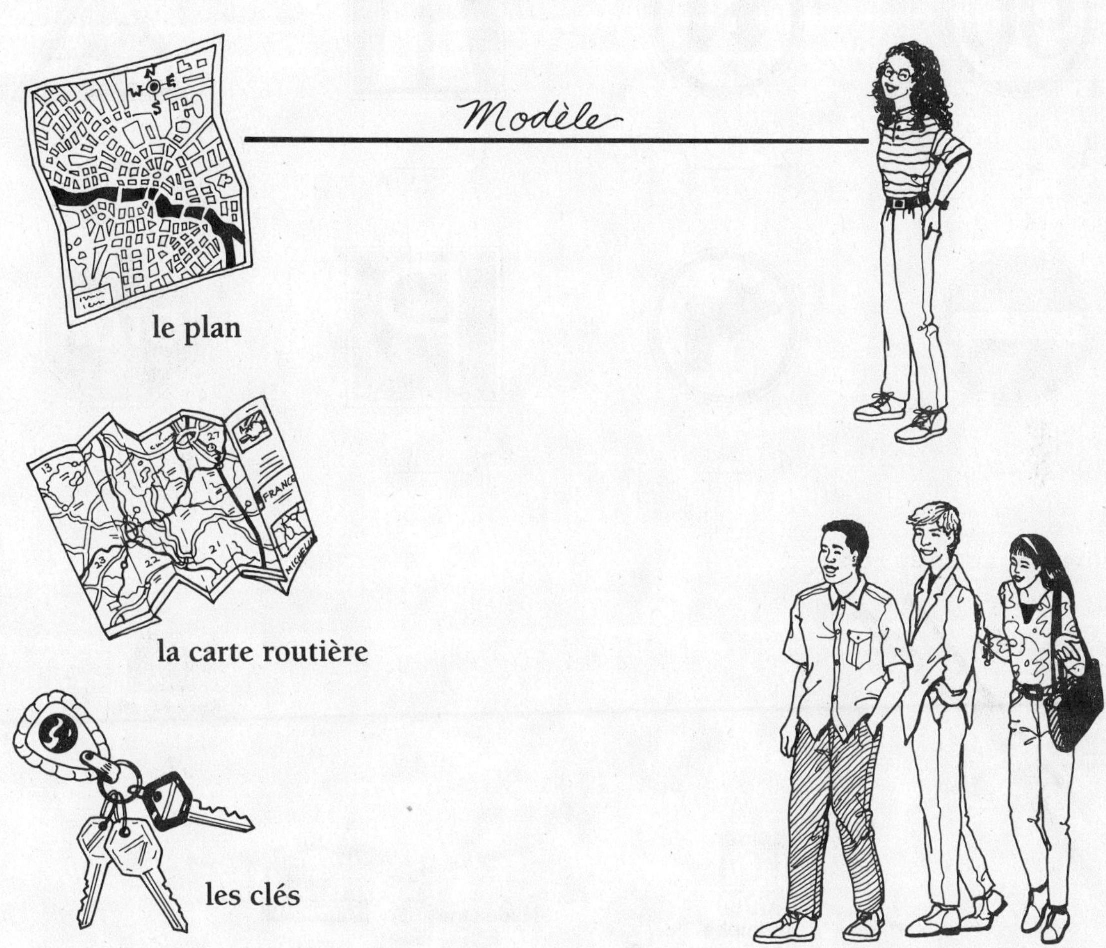

CONVERSATION

Activité C Listen.

Activité D Listen and answer.

	1	2	3	4	5	6	7
vrai							
faux							

Nom ______________________________ Date ____________________

DEUXIÈME PARTIE

Activité A Listen and choose.

1. ____ 2. ____ 3. ____ 4. ____

5. ____ 6. ____ 7. ____ 8. ____

Activité B Listen and draw.

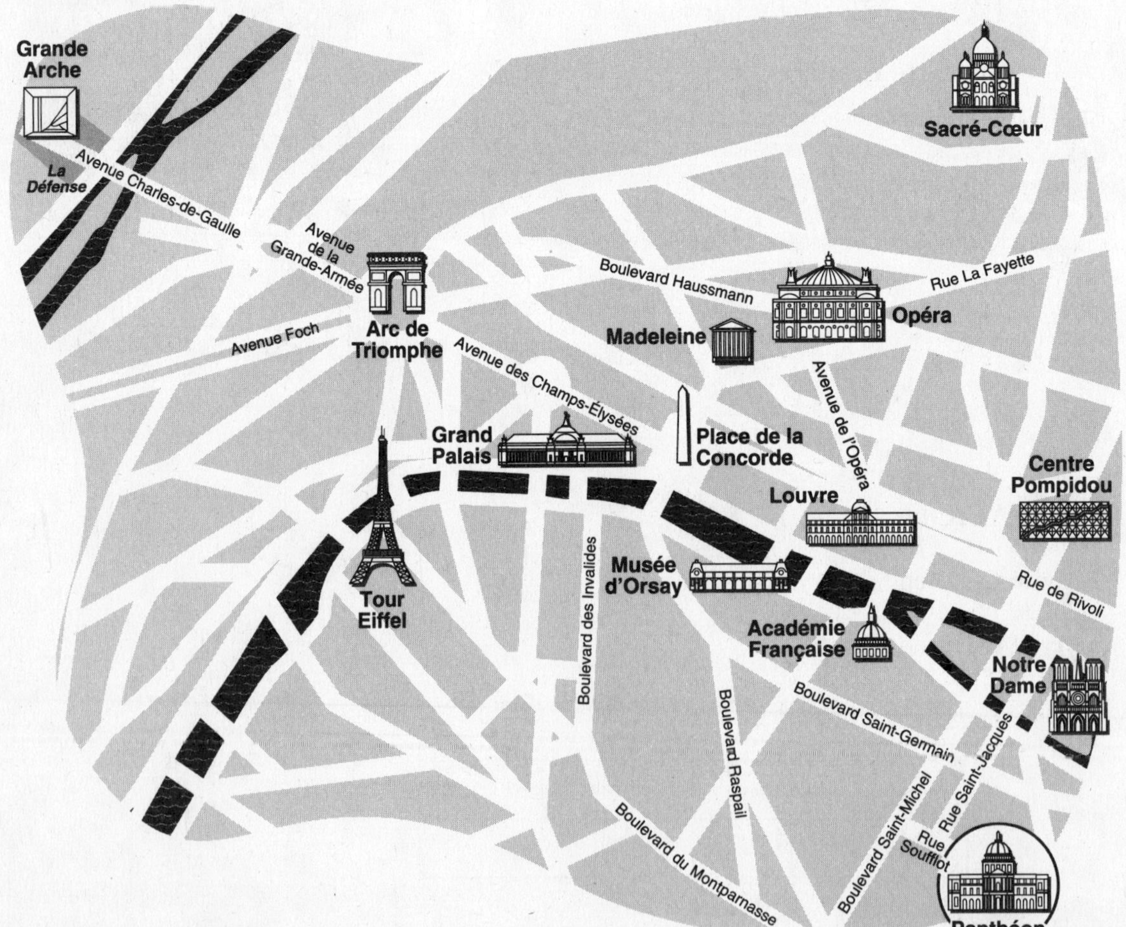

Nom ______________________________ Date ______________________

Activité C Listen and choose.

	1	2	3	4	5	6
vrai						
faux						

Nom ______________________ Date ______________________

CHAPITRE 9

LA TEINTURERIE ET LA LAVERIE AUTOMATIQUE

PREMIÈRE PARTIE

VOCABULAIRE

Mots 1

Activité A Listen.

Activité B Listen and answer.

Monsieur Celle

Madame Celle

Olivier

Activité C Listen and choose.

1. a b c

2. a b c

3. a b c

4. a b c

5. a b c

6. a b c

7. a b c

8. a b c

Nom ______________________ Date ______________

Mots 2

Activité D Listen.

Activité E Listen and answer.

Activité F Listen and choose.

a. ____

b. ____

c. ____

d. ____

e. ____

f. ____

STRUCTURE

Activité A Listen and choose.

	1	2	3	4	5	6	7	8	9	10
futur										
conditionnel										

Nom ______________________________ Date ______________________

Activité B Listen and choose.

1. **a.** si nous avions le temps
   b. si nous avons le temps
2. **a.** si vous ne venez pas
   b. si vous ne veniez pas
3. **a.** si tu pouvais l'accompagner
   b. si tu peux l'accompagner
4. **a.** s'il est là
   b. s'il était là
5. **a.** s'ils commençaient tout de suite
   b. s'ils commencent tout de suite
6. **a.** si elle a son adresse
   b. si elle avait son adresse

Activité C Listen and choose.

	1	2	3	4	5	6
tout seul						
par quelqu'un d'autre						

CONVERSATION

Activité D Listen.

Activité E Listen and choose.

	1	2	3	4	5
vrai					
faux					

Nom ______________________ Date ______________

DEUXIÈME PARTIE

Activité A Listen.

Activité B Listen and choose.

PREMIÈRE PARTIE

1. a b

2. a b

3. a b

DEUXIÈME PARTIE

1. a b

2. a b

3. a b

Activité C Listen and choose.

	1	2	3	4	5	6	7	8
vrai								
faux								

Nom ______________________ Date ______________________

CHAPITRE

10 LES TRANSPORTS EN COMMUN

PREMIÈRE PARTIE

VOCABULAIRE

Mots 1

Activité A Listen.

Activité B Listen and answer.

1.

2.

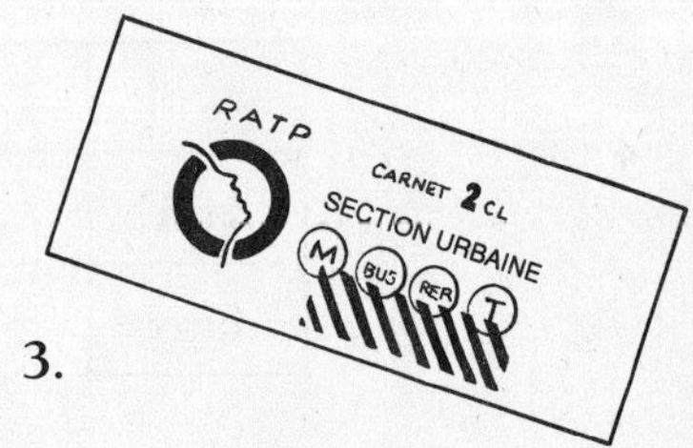

3.

4.

5.

Nom ______________________________ Date ______________________________

Activité C Listen and choose.

là où deux lignes se croisent ____

le sens dans lequel le métro va ____

changer de ligne ____

le plus près possible ____

Mots 2

Activité D Listen.

Activité E Listen and answer.

1. 

2. 

3. 

4. 

5. 

6. 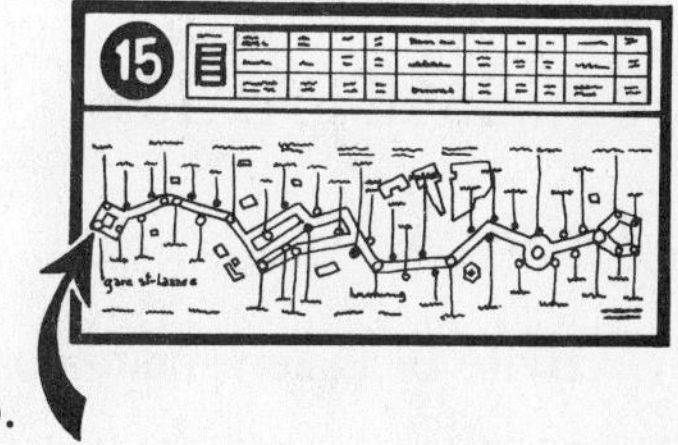

Nom ______________________________ Date ______________________

Activité F Listen and choose.

	1	2	3	4	5	6	7	8
vrai								
faux								

STRUCTURE

Activité A Listen and answer.

Activité B Listen and choose.

	1	2	3	4	5	6	7	8
une question								
pas une question								

CONVERSATION

Activité C Listen.

Activité D Listen and choose.

	1	2	3	4	5	6
vrai						
faux						

DEUXIÈME PARTIE

Activité A Listen.

Activité B Listen and choose.

PREMIÈRE PARTIE

1. a b

2. a b

3. a b

DEUXIÈME PARTIE

1. a b

2. a b

3. a b

Activité C Listen and choose.

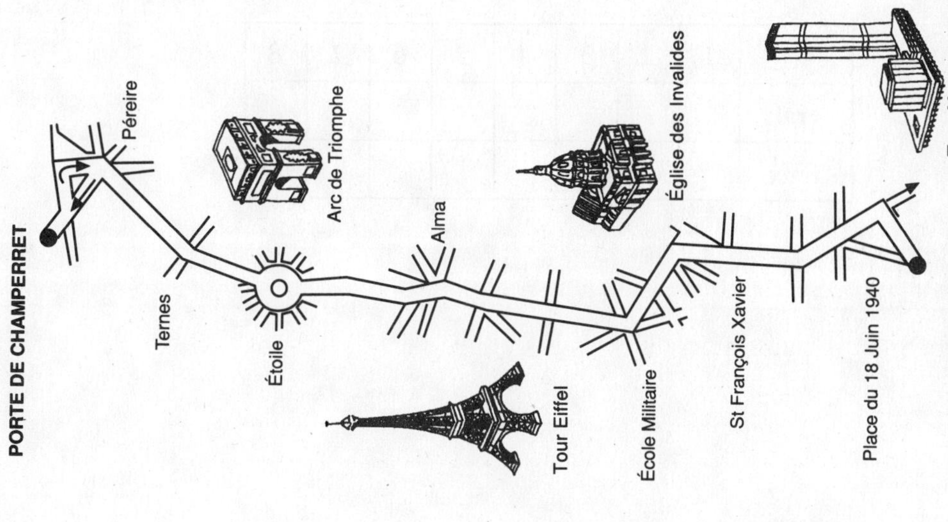

c. ___ ___ ___

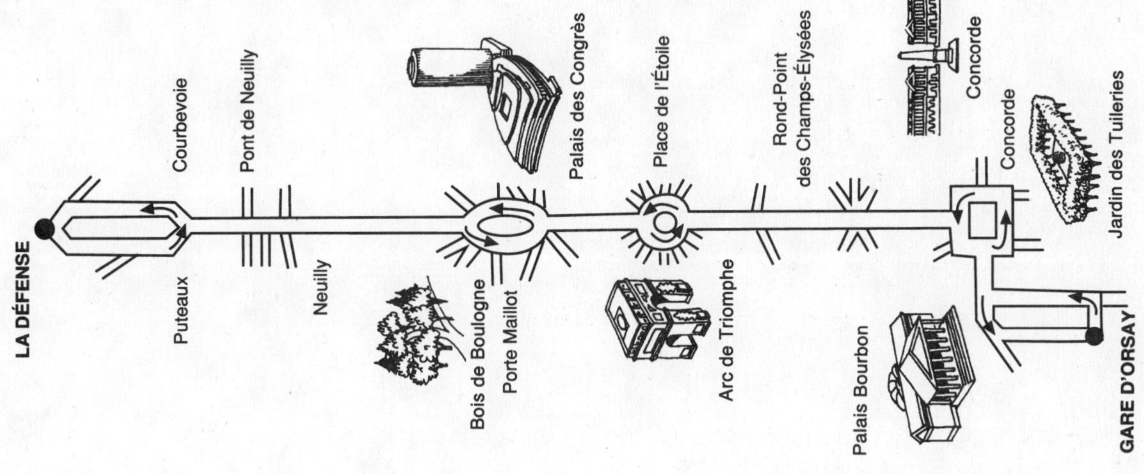

b. ___ ___ ___

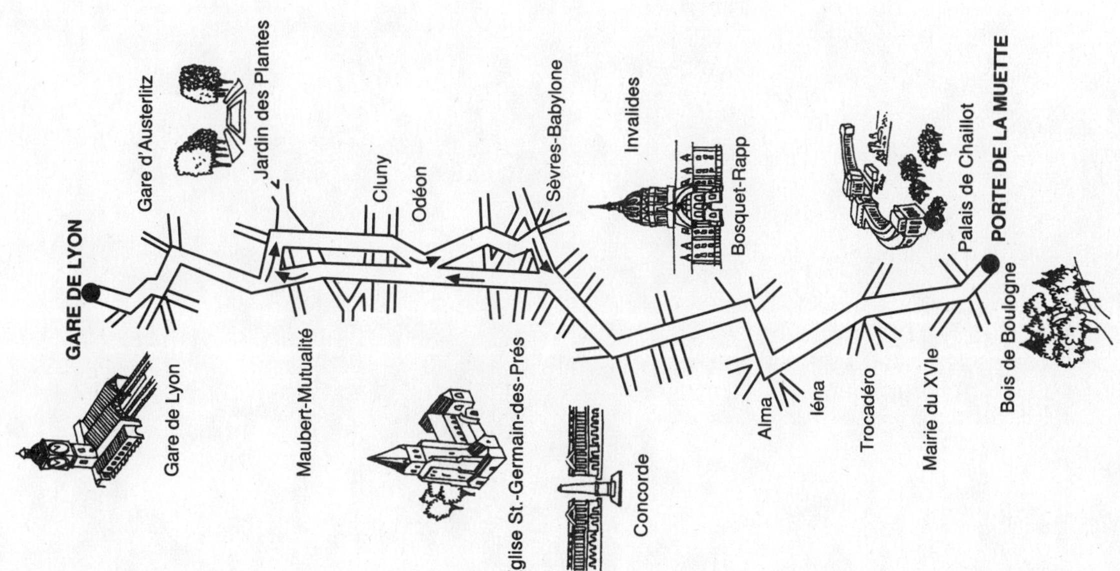

a. ___ ___ ___

Nom ______________________ Date ______________________

Activité D Listen and choose.

	1	2	3	4	5	6	7	8
vrai								
faux								

CHAPITRE

11 LES FÊTES

PREMIÈRE PARTIE

VOCABULAIRE

Mots 1

Activité A Listen.

Activité B Listen and answer.

1.

2.

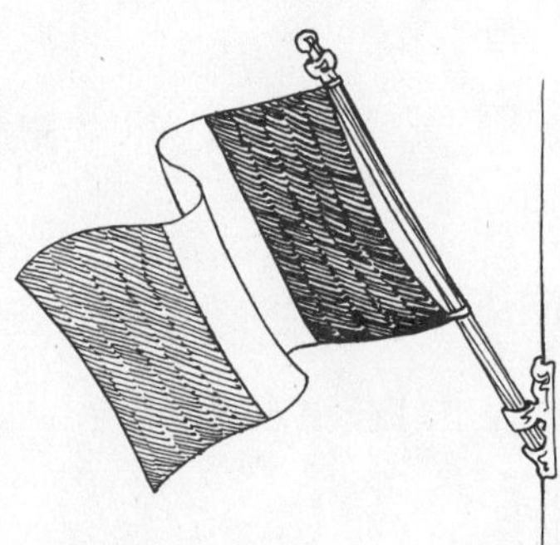

3.

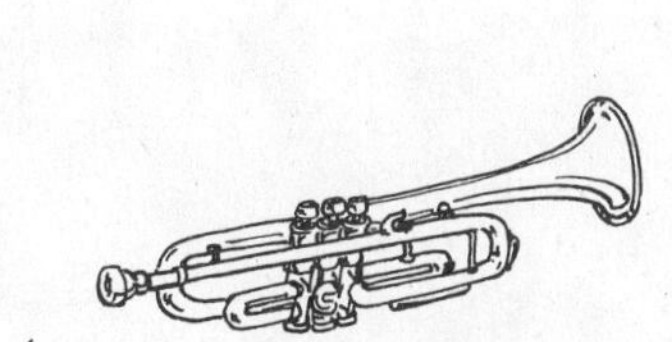

4.

5.

6.

7.

8.

Activité C Listen and choose.

1. a b c
2. a b c
3. a b c
4. a b c
5. a b c
6. a b c
7. a b c

Mots 2

Activité D Listen.

Activité E Listen and answer.

1.

2.

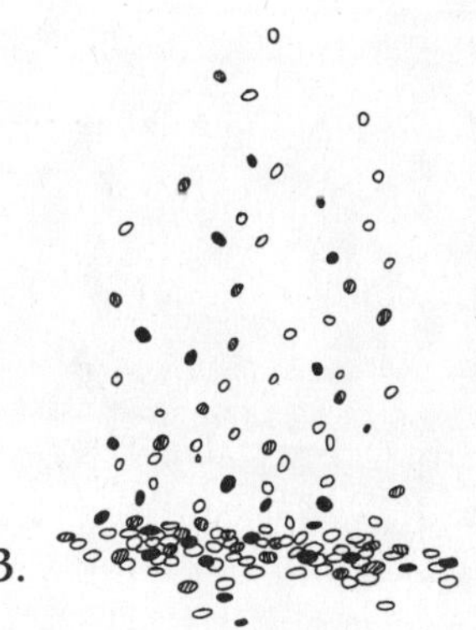
3.

4.

5.

6.

Nom ______________________________ Date ______________________

Activité F Listen and choose.

	1	2	3	4	5	6	7	8	9
le 14 juillet									
le jour de l'An									
Noël									
Hanouka									

STRUCTURE

Activité A Listen and choose.

	1	2	3	4	5	6	7
aller							
avoir							
faire							
écrire							
être							
lire							
mettre							

Activité B Listen and choose.

	1	2	3	4	5	6	7	8
un fait								
pas un fait								

Activité C Listen and answer.

Activité D Listen and answer.

Nom ______________________ Date ______________________

Activité E Listen and write.

1. en ________
2. en ________
3. en ________
4. de ________ à ________
5. de ________ à ________
6. en ________

CONVERSATION

Activité F Listen.

Activité G Listen and choose.

	1	2	3	4	5	6
vrai						
faux						

DEUXIÈME PARTIE

Activité A Listen and choose.

LA CHANDELEUR

1. a b
2. a b

MARDI GRAS

1. a b
2. a b

PÂQUES

1. a b
2. a b
3. a b

Nom ______________________ Date ______________

CHAPITRE 12

AU LYCÉE

PREMIÈRE PARTIE

VOCABULAIRE

Mots 1

Activité A Listen.

Activité B Listen and answer.

1. 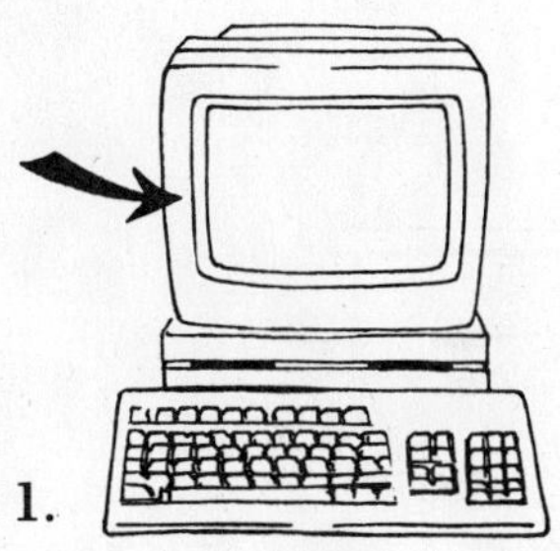

2. 

3. 

4. 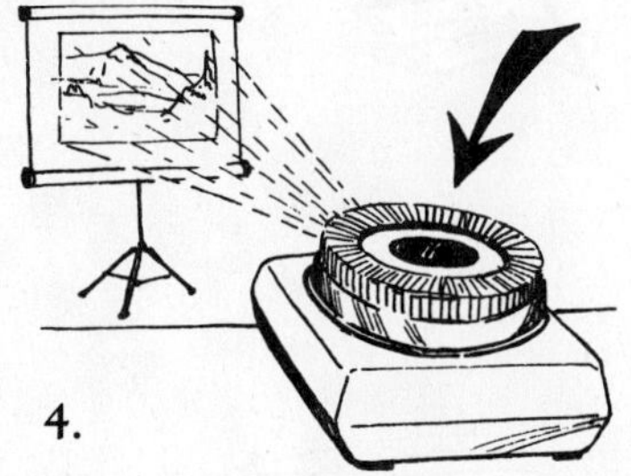

5. 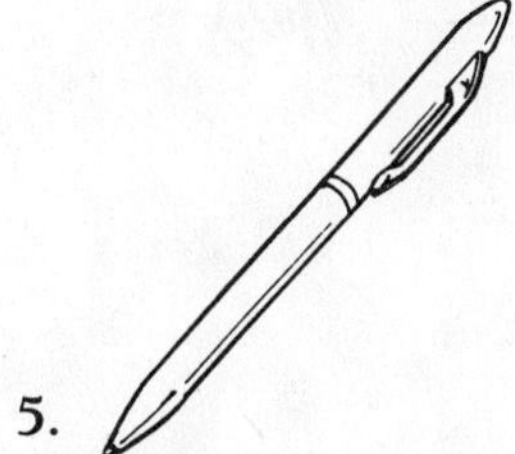

6. 

7. 

8. 

Nom ______________________________ Date ______________________

Activité C Listen and choose.

	1	2	3	4	5	6	7	8
bien								
pas bien								

Mots 2

Activité D Listen.

Activité E Listen and answer.

1.

2.

3.

4.

5.

6.

Nom ______________________ Date ______________________

Activité F Listen and choose.

	1	2	3	4	5	6
vrai						
faux						

Activité G Listen and choose.

1. a b c
2. a b c
3. a b c
4. a b c
5. a b c
6. a b c
7. a b c
8. a b c

STRUCTURE

Activité A Listen and choose.

	1	2	3	4	5	6
apprendre						
comprendre						
devoir						
prendre						
recevoir						
venir						

Activité B Listen and choose.

	1	2	3	4	5	6	7	8
moi								
quelqu'un d'autre								

Nom ______________________ Date ______________________

Activité C Listen and answer.

CONVERSATION

Activité D Listen.

Activité E Listen and choose.

	1	2	3	4	5	6	7
vrai							
faux							

DEUXIÈME PARTIE

Activité A Listen and choose.

JULIE ET SERGE

1. a b

2. a b

NATHALIE ET UN AMI

1. a b

2. a b

3. a b

ÉDOUARD ET UNE AMIE

1. a b

2. a b

3. a b

JÉRÔME ET SA COPINE

1. a b

2. a b

3. a b

Activité B Listen and choose.

	1	2	3	4	5	6	7	8
vrai								
faux								

Nom ______________________________ Date ______________________

CHAPITRE
13 LE SAVOIR-VIVRE EN FRANCE

PREMIÈRE PARTIE

VOCABULAIRE

Mots 1

Activité A Listen.

Activité B Listen and answer.

1.

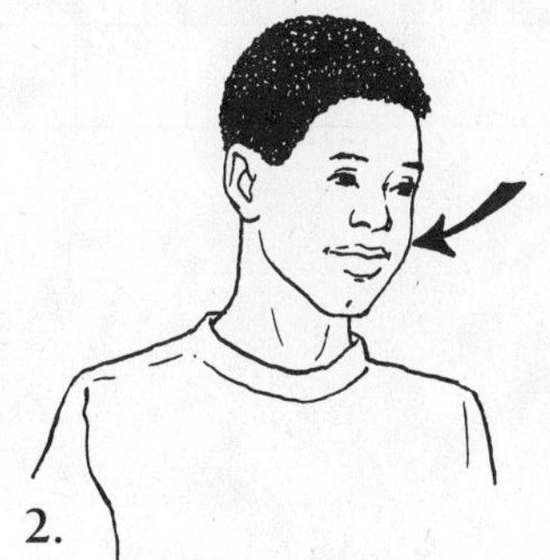
2.

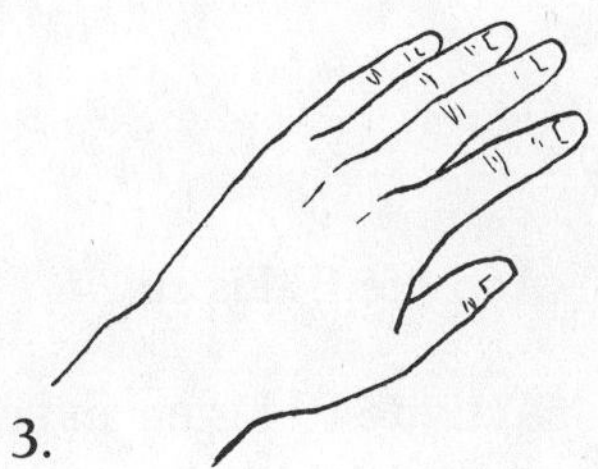
3.

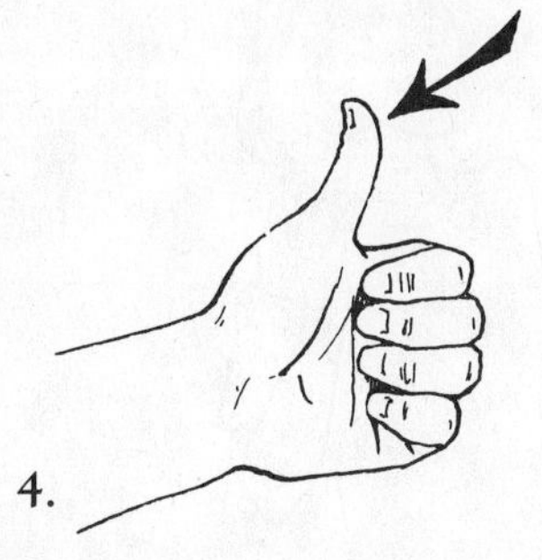
4.

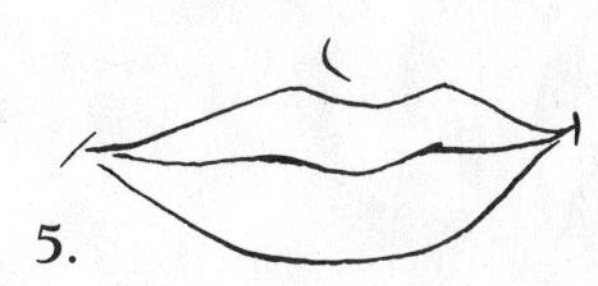
5.

6.

7.

8.

Nom ____________________ Date ____________________

Activité C Listen and choose.

	1	2	3	4	5	6	7	8
bien élevée								
mal élevée								

Activité D Listen and choose.

	1	2	3	4	5	6	7	8	9	10
poli										
impoli										

Mots 2

Activité E Listen.

Activité F Listen and choose.

1. 

2. 

3. 

4. 

5. 

6. 

Nom ______________________ Date ______________________

Activité G Listen and choose.

	1	2	3	4	5
furieux(-se)					
triste					
étonné(e)					
désolé(e)					
content(e)					

STRUCTURE

Activité A Listen and choose.

	1	2	3	4	5	6	7	8
faire								
pouvoir								
savoir								
vouloir								

Activité B Listen.

Activité C Listen and repeat.

Activité D Listen and react.

CONVERSATION

Activité E Listen.

Activité F Listen and choose.

	1	2	3	4	5
vrai					
faux					

Nom ______________________________ Date ______________________

DEUXIÈME PARTIE

Activité A Listen and choose.

1. a b c
2. a b c
3. a b c
4. a b c
5. a b c
6. a b c

Activité B Listen.

Activité C Listen and choose.

	1	2	3	4	5	6	7	8
vrai								
faux								

Nom ______________________________ Date ______________________________

CHAPITRE

14 LE MAGHREB

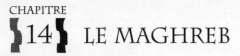

PREMIÈRE PARTIE

VOCABULAIRE

Mots 1

Activité A Listen.

Activité B Listen and answer.

1. 

2. 

3. 

4. 

5. 

6. 

7. 

8. 

9. 

Nom ______________________________ Date ______________________

Activité C Listen and choose.

discuter avec un marchand pour acheter quelque chose meilleur marché ____

une boisson chaude qu'on boit beaucoup au Maghreb ____

un morceau de tissu destiné à protéger quelqu'un du froid ____

la monnaie tunisienne ____

un autre nom pour le Maroc, l'Algérie et la Tunisie ____

un plat très populaire au Maroc, en Algérie et en Tunisie ____

ce qu'on peut utiliser quand on n'a pas le gaz ou l'électricité ____

parler à Dieu ____

Mots 2

Activité D Listen.

Activité E Listen and answer.

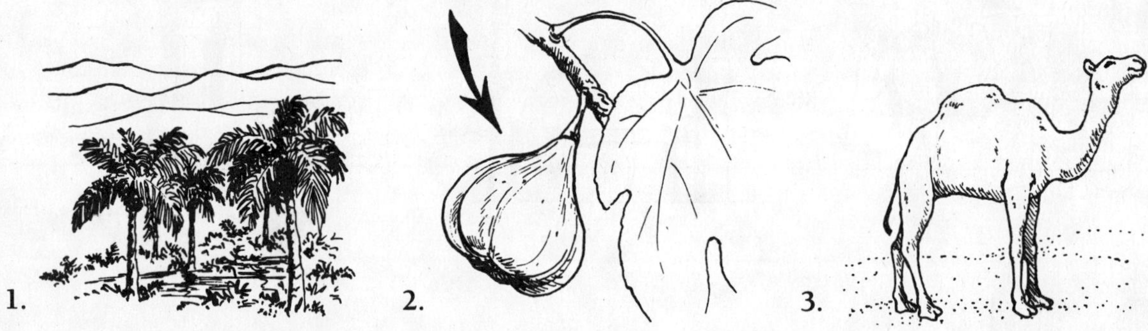

1. 2. 3.

4.

5.

Nom ______________________________ Date ______________________

Activité F Listen and choose.

1. a b c
2. a b c
3. a b c
4. a b c
5. a b c
6. a b c
7. a b c
8. a b c
9. a b c

STRUCTURE

Activité A Listen and choose.

	1	2	3	4	5	6	7	8
c'est sûr								
ce n'est pas sûr								

Activité B Listen and answer.

Activité C Listen and answer.

CONVERSATION

Activité D Listen.

Activité E Listen and choose.

	1	2	3	4	5	6
vrai						
faux						

Nom ______________________ Date ______________________

DEUXIÈME PARTIE

Activité A Listen and choose.

Couscous marocain aux sept légumes

Proportions pour 10 personnes

1 kg de coucous en paquet
1 kg de viande de mouton
1 chou (*cabbage*)
1 kg d'oignons
4 ou 5 tomates
500 g de courgettes
250 g de navets (*turnips*)
250 g d'aubergines
500 g de carottes
2 poivrons piquants (*hot peppers*)
1 poignée de coriandre hachée
150 g de beurre pour le bouillon
150 g de beurre pour enduire (*moisten*)
1/2 cuillerée à café de safran en poudre
1 cuillerée à soupe de poivre
sel
eau

a. ____

b. ____

c. ____

d. ____

e. ____

f. ____

Activité B Listen.

Activité C Listen and choose.

	1	2	3	4	5	6	7	8
vrai								
faux								

Nom ____________________ Date ____________________

CHAPITRE 15

LES AGRICULTEURS EN FRANCE

PREMIÈRE PARTIE

VOCABULAIRE

Mots 1

Activité A Listen.

Activité B Listen and choose.

	1	2	3	4	5	6	7	8	9	10
un bâtiment										
un animal										

Activité C Listen and choose.

	1	2	3	4	5	6	7	8
l'élevage								
la culture								

Activité D Listen and answer.

1. 

2. 

3. 

4. 

5. 

6. 

Nom ______________________________ Date ______________________

7. 

8. 

Mots 2

Activité E Listen.

Activité F Listen and answer.

1. 

2. 

3. 

4. 

5. 

6. 

Nom ______________________________ Date ____________________

Activité G Listen and choose.

mettre dans un entrepôt ____

les bœufs, les chevaux, etc. ____

la production et l'entretien des animaux ____

un groupe d'animaux de la même espèce ____

l'action de cultiver la terre ____

les tracteurs et les moissonneuses-batteuses ____

une exploitation ____

ramasser ____

le blé et autres grains ____

STRUCTURE

Activité A Listen and answer.

Activité B Listen and answer.

CONVERSATION

Activité C Listen.

Activité D Listen and choose.

	1	2	3	4	5	6
vrai						
faux						

Nom ______________________________ Date ______________________

DEUXIÈME PARTIE

Activité A Listen and choose.

un canard ____

une vache ____

une poule ____

un coq ____

un âne ____

un cochon ____

un mouton ____

un oiseau ____

Activité B Listen and draw.

AU PRÉ

À LA GRANGE

AU CHAMP

AU JARDIN

À L'ÉTABLE

DANS LE HANGAR

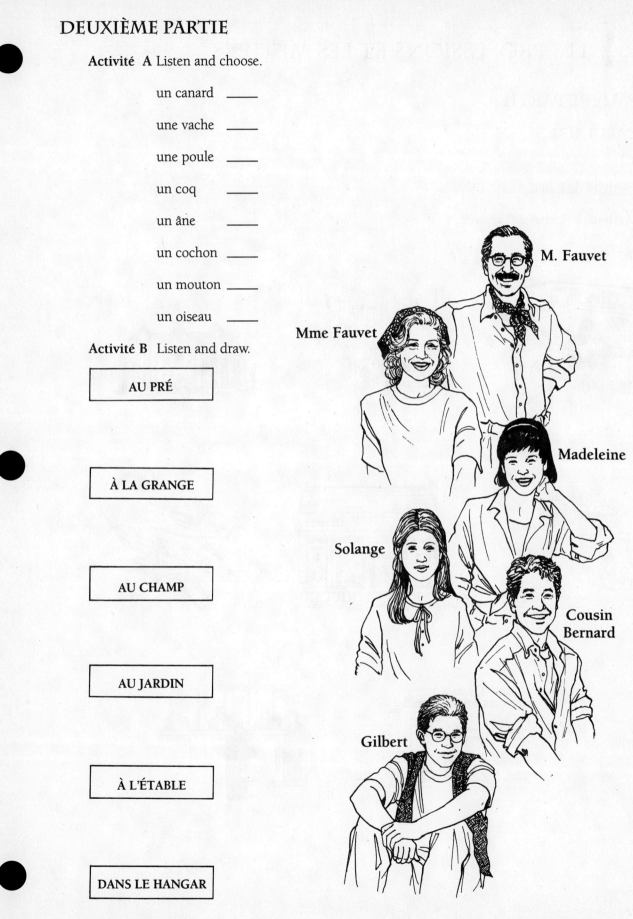

Nom ______________________ Date ______________________

CHAPITRE 16

LES PROFESSIONS ET LES MÉTIERS

PREMIÈRE PARTIE

VOCABULAIRE

Mots 1

Activité A Listen.

Activité B Listen and answer.

1.

2.

3.

4.

5.

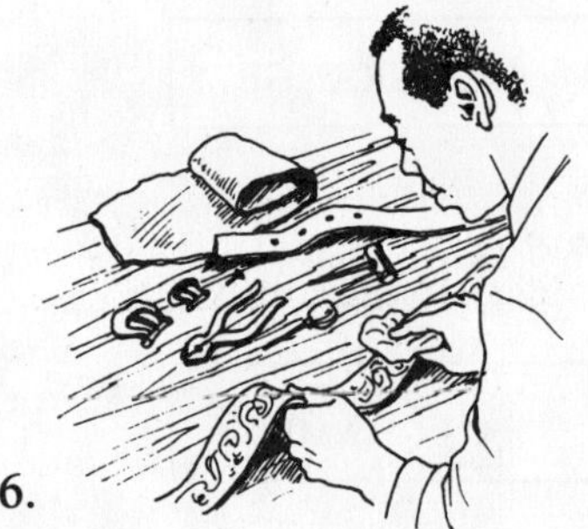

6.

7.

8.

Nom ______________________________ Date ____________________

Activité C Listen and choose.

un médecin	____
un ouvrier ou une ouvrière	____
un chanteur ou une chanteuse	____
un conseiller ou une conseillère d'éducation	____
un documentaliste ou une documentaliste	____
un coiffeur ou une coiffeuse	____
un ingénieur	____
un chirurgien	____
un avocat ou une avocate	____
un marchand ou une marchande	____
un danseur ou une danseuse	____
un comptable ou une comptable	____
un infirmier ou une infirmière	____

Mots 2

Activité D Listen.

Activité E Listen and answer.

Activité F Listen and choose.

travailler à peu près 20 heures par semaine	____
un emploi	____
être sans travail	____
ce qu'on lit dans le journal quand on cherche du travail	____
une société	____
l'endroit où on va quand on cherche du travail	____
pouvoir commencer à travailler	____
travailler pour soi	____
quelqu'un qui travaille pour un employeur	____
travailler 40 heures par semaine	____

Nom ______________________________ Date ______________________

STRUCTURE

Activité A Listen and answer.

Activité B Listen and answer.

Activité C Listen and answer.

Activité D Listen and answer.

CONVERSATION

Activité E Listen.

Activité F Listen and choose.

	1	2	3	4	5	6	7	8	9	10
vrai										
faux										

DEUXIÈME PARTIE

Activité A Listen and choose.

1. a b

2. a b

3. a b

4. a b

Activité B Listen and choose.

	1	2	3	4	5	6
vrai						
faux						

Chansons de France et de Nouvelle-France

CHANSONS DE FRANCE ET DE NOUVELLE-FRANCE

TABLE DES MATIÈRES

En passant par la Lorraine

1 En passant par la Lorraine,
Avec mes sabots[1], (*bis*)
Rencontrai trois capitaines,
Avec mes sabots dondaine*,
Oh, oh, oh! avec mes sabots!

2 Rencontrai trois capitaines,
Avec mes sabots, (*bis*)
Ils m'ont appelée vilaine,
Avec mes sabots dondaine,
Oh, oh, oh! avec mes sabots!

3 Ils m'ont appelée vilaine,
Avec mes sabots, (*bis*)
Je ne suis pas si vilaine,
Avec mes sabots dondaine,
Oh, oh, oh! avec mes sabots!

4 Je ne suis pas si vilaine,
Avec mes sabots, (*bis*)
Puisque le fils du roi m'aime,
Avec mes sabots dondaine,
Oh, oh, oh! avec mes sabots!

[1] sabots *clogs*

* dondaine *from* dondon *is an onomatopoeia which suggests the thumping sound of the clogs. It also rhymes with* "Lorraine," "capitaines," *and* "vilaine."

Les Compagnons de la Marjolaine

1 Qui est-ce qui passe ici si tard,
Compagnons de la Marjolaine?
Qui est-ce qui passe ici si tard,
Gai, gai, dessus le quai?

2 C'est le chevalier du guet,
Compagnons de la Marjolaine.
C'est le chevalier du guet,
Gai, gai, dessus le quai.

3 Que demande le chevalier,
Compagnons de la Marjolaine?
Que demande le chevalier,
Gai, gai, dessus le quai?

4 Une fille à marier,
Compagnons de la Marjolaine.
Une fille à marier,
Gai, gai, dessus le quai.

(*Et ainsi de suite.*)

5 Qu'est-ce que vous me donnerez [...]

6 De l'or[1], des bijoux[2] assez [...]

7 Je n'suis pas intéressée [...]

8 Mon cœur je vous donnerai [...]

[1] De l'or *gold*
[2] des bijoux *jewels*

La Belle Françoise

1 C'est la belle Françoise, lon, gai,
C'est la belle Françoise,
Qui veut s'y marier, ma luron, lurette,
Qui veut s'y marier, ma luron, luré.

2 Son ami va la voir, lon, gai,
Son ami va la voir,
Bien tard après le souper, ma luron, lurette,
Bien tard après le souper, ma luron, luré.

3 Il la trouva seulette, lon, gai,
Il la trouva seulette,
Sur son lit qui pleurait, ma luron, lurette,
Sur son lit qui pleurait, ma luron, luré.

4 — Ah! Qu'a' vous donc, la belle, lon, gai,
Ah! Qu'a' vous donc, la belle,
Qu'a' vous à tant pleurer? ma luron, lurette,
Qu'a' vous à tant pleurer? ma luron, luré.

5 — On m'a dit, hier au soir, lon, gai,
On m'a dit, hier au soir,
Qu'à la guerre vous alliez, ma luron, lurette,
Qu'à la guerre vous alliez, ma luron, luré.

6 — Ceux qui vous l'ont dit, belle, lon, gai,
Ceux qui vous l'ont dit, belle,
Ont dit la vérité, ma luron, lurette,
Ont dit la vérité, ma luron, luré.

V'là l'bon vent

Refrain

V'là l'bon vent, v'là le joli vent,
V'là l'bon vent, ma mie m'appelle,
V'là l'bon vent, v'là le joli vent,
V'là l'bon vent, ma mie m'attend.

1 Derrière chez nous y a un étang[1] (*bis*)
Trois beaux canards s'en vont baignant.

2 Le fils du roi s'en va chassant (*bis*)
Avec son beau fusil[2] d'argent.

3 Visa[3] le noir, tua[4] le blanc, (*bis*)
— Ô fils du roi[5], tu es méchant.

4 D'avoir tué mon canard blanc! (*bis*)
Par-dessous l'aile il perd son sang.

5 Par les yeux lui sort des diamants, (*bis*)
Et par le bec l'or et l'argent.

6 Toutes ses plumes s'en vont au vent, (*bis*)
Trois dames s'en vont les ramassant[6].

7 C'est pour en faire un lit de camp (*bis*)
Pour y coucher tous les passants.

[1] étang *pond*
[2] fusil *rifle*
[3] visa *aimed at*
[4] tua *killed*
[5] roi *king*
[6] les ramassant *gathering them up*

Je veux m'marier

1 Je veux m'marier,
Je veux m'marier,
Je veux m'marier,
Mais la belle veut pas.

2 Ô la belle veut,
Ô la belle veut,
Ô la belle veut,
Mais les vieux veulent pas.

3 Ô les vieux veulent,
Ô les vieux veulent,
Ô les vieux veulent,
Mais j'ai pas d'argent.

4 J'ai pas d'argent,
J'ai pas d'argent,
J'ai pas d'argent,
Et les poules pondent pas!

J'ai 'té au bal

1 J'ai 'té au bal hier au soir. Ah, là, là!
J'ai 'té au bal hier au soir. Ah, là, là!
J'ai 'té au bal, mais dis pas à pape.
Il voudrait pas et dirait «Non, non!» Ah, là, là!

2 Je vais m'marier, Ô Maman. Ah, là, là!
Je vais m'marier, Ô Maman. Ah, là, là!
Je vais m'marier, mais dis pas à pape.
Il voudrait pas et dirait «Non, non!» Ah, là, là!

3 Je suis mariée, Ô Maman. Ah, là, là!
Je suis mariée, Ô Maman. Ah, là, là!
Je suis mariée. Tu peux dire à pape.
Il peut rien faire et je m'en fiche bien[1]! Là, là, là!

[1] je m'en fiche bien *I don't care!*

Savez-vous planter les choux?

1 Savez-vous planter les choux,
À la mode, à la mode,
Savez-vous planter les choux,
À la mode de chez nous?

2 On les plante avec le doigt,
À la mode, à la mode,
On les plante avec le doigt,
À la mode de chez nous.

3 On les plante avec le pied,
À la mode, à la mode,
On les plante avec le pied,
À la mode de chez nous.

4 On les plante avec le genou,
À la mode, à la mode,
On les plante avec le genou,
À la mode de chez nous.

(*Et ainsi de suite.*)

5 On les plante avec le coude [...]

6 On les plante avec le nez [...]

7 On les plante avec la tête [...]

Dans la forêt lointaine

Dans la forêt lointaine
On entend le coucou.
Du haut de son grand chêne[1]
Il répond au hibou[2]:
Coucou, hibou
Coucou, hibou
Coucou, hibou
Coucou...
On entend le coucou.

[1] chêne *oak tree*
[2] hibou *owl*

Les éléphants vont à la foire

Les éléphants vont à la foire.
Mais que vont-ils y voir?
Le gai babouin,
Qui dans l'air du matin,
Peigne ses cheveux de lin[1].

Le singe[2] tomba du banc,
Sur la trompe de l'éléphant.
L'éléphant fit atchoum
Et se mit à genoux.
Mais qu'advint-il du[3] singe...
Du singe...
Du singe...
Du singe...

[1] lin *flax*
[2] singe *monkey*
[3] qu'advint-il du *what became of*

La Carmagnole

1 Madame Veto avait promis: (*bis*)
De faire égorger tout Paris[1]. (*bis*)
Mais son coup a manqué,
Grâce à nos canonniers.

Refrain
Dansons la Carmagnole,
Vive le son, vive le son,
Dansons la Carmagnole,
Vive le son du canon!

2 Monsieur Veto avait promis: (*bis*)
D'être fidèle à son pays. (*bis*)
Mais il y a manqué,
Ne faisons plus de quartier[2].

(*Refrain*)

3 Amis, restons toujours unis: (*bis*)
Ne craignons pas nos ennemis. (*bis*)
S'ils viennent nous attaquer,
Nous les ferons sauter[3].

(*Refrain*)

[1] faire égorger tout Paris *have everyone in Paris killed*
[2] Ne faisons plus de quartier. *Let's have no mercy.*
[3] les ferons sauter *blow them up*

Il est né le divin enfant

Refrain

Il est né le divin enfant,
Jouez hautbois, résonnez musettes,
Il est né le divin enfant,
Chantons tous son avènement[1].

1 Depuis plus de quatre mille ans,
Nous le promettaient les prophètes,
Depuis plus de quatre mille ans,
Nous attendions cet heureux temps.

(Refrain)

2 Ah! Qu'il est beau, qu'il est charmant!
Ah! Que ses grâces sont parfaites!
Ah! Qu'il est beau, qu'il est charmant!
Qu'il est doux ce divin enfant!

(Refrain)

[1] avènement *coming*

Chant des adieux

1 Faut-il nous quitter sans espoir,
Sans espoir de retour,
Faut-il nous quitter sans espoir,
De nous revoir un jour?

Refrain
Ce n'est qu'un au revoir, mes frères,
Ce n'est qu'un au revoir,
Oui, nous nous reverrons, mes frères,
Ce n'est qu'un au revoir!

2 Formons de nos mains qui s'enlacent,
Au déclin de ce jour,
Formons de nos mains qui s'enlacent,
Une chaîne d'amour.

(*Refrain*)

3 Unis par cette douce chaîne,
Tous, en ce même lieu.
Unis par cette douce chaîne,
Ne faisons point d'adieu.

(*Refrain*)

4 Car Dieu qui nous voit tous ensemble,
Et qui va nous bénir,
Car Dieu qui nous voit tous ensemble,
Saura nous réunir.

(*Refrain*)

Notes

Notes

Notes

Notes

Notes

Notes

Notes

Notes